知识产权信息与创新发展

◎ 贺志丽 / 著

图书在版编目（CIP）数据

知识产权信息与创新发展/贺志丽著. —北京：企业管理出版社，2019.7
ISBN 978-7-5164-1988-5

Ⅰ. ①知… Ⅱ. ①贺… Ⅲ. ①知识产权-信息管理-研究-中国 Ⅳ. ①D923.404

中国版本图书馆 CIP 数据核字（2019）第 144630 号

书　　名：	知识产权信息与创新发展
作　　者：	贺志丽
责任编辑：	张　羿
书　　号：	ISBN 978-7-5164-1988-5
出版发行：	企业管理出版社
地　　址：	北京市海淀区紫竹院南路 17 号　　邮编：100048
网　　址：	http：//www.emph.cn
电　　话：	编辑部（010）68701292　　发行部（010）68701816
电子信箱：	80147@sina.com
印　　刷：	北京虎彩文化传播有限公司
经　　销：	新华书店
规　　格：	170 毫米×240 毫米　　16 开本　　13 印张　　203 千字
版　　次：	2019 年 7 月第 1 版　　2019 年 7 月第 1 次印刷
定　　价：	78.00 元

版权所有　翻印必究·印装错误　负责调换

前　言

"知识产权是经济、社会和文化增长与发展的日益重要的推动器。因为，一切致力于创造与革新者——政策制定者、企业家、教育家、档案保管人以及艺术家和发明人，都必须清楚了解知识产权制度，牢牢掌握这一制度机制，深刻认识其巨大的潜力和力量，是在各个层次上利用这些机会的关键。"WIPO（World Intellectual Property Organization，世界知识产权组织）总干事卡米尔·伊德里斯在为知识产权教育名著《知识产权教学原则与方法》一书作序时如是说。伴随着改革开放，中国知识产权事业从无到有，从小到大，取得举世瞩目的辉煌成就。党的十六届五中全会提出要建设创新型国家无疑是非常英明的决断。资源型国家的发展模式，我们走不通，因为我们的资源并不是很丰富；要走制造型国家的发展模式或发展道路，同样也会出现很多问题。对我们而言，只有建设创新型国家，才不失为一个科学、合理甚至是必然的道路和选择。以 2008 年 5 月国务院颁布《国家知识产权战略纲要》为标志，我国知识产权事业步入新的历史发展时期。目前我国经济发展进入了一个拐点时期，亟须经济增长方式的转型，在这一转型过程中，知识产权起到一个着力点和切入点的作用。

20 世纪，我国知识产权制度开始逐渐建立、实施，直到现在，中国的知识产权制度逐渐完善，用三十几年的时间走完了西方发达国家几百年才完成的历史，成果不可谓不丰硕，同时国人的知识产权意识也逐渐增强。但是不可否认的是，由于中国缺失知识产权文化的土壤，大部分人至今仍片面地认为知识产权知识与法律事务有关，或者只是技术的集合。实则不然！知识产权尤其是专利，更是一种信息的集合，是社会服务和经济增长的重要信息源。知识产权所包含的法律信息、技术信息、经济信息是现代社会发展不可估量也是不可或缺的力量，有着重要的作用。知识产权除专利权外还包括著作权、商标权、商业秘密、植物新品种权、集成电路布图设计等,以知识产权权利种类为载体,对应的知识产权信息则为专利信息、著作权信息、商标信息、商业秘密、植物新品种、集成电路布图等。由于商业秘密、植物新品种、集成电路布图设计权利的特殊性和著作内容的庞杂性,本书研究仅限于专利及商标。本书内容较为丰富,体系较为完整、合理,从理论和实践两方面对知识产权信息与创新发展进行了系统的理论探讨和实证研究,对利用知识产权信息促进经济发展,实现创新型国家建设具有重要意义。

由于作者水平有限,书中难免有不妥之处,敬请广大读者批评指正。

贺志丽
2019 年 5 月

目 录

第一章 知识产权基础理论 ………………………………… 1
  第一节 知识与知识产权 ……………………………………… 1
    一、知识与知识经济 …………………………………… 1
    二、知识产权历史背景 ………………………………… 2
    三、"知识产权"一词的由来 ………………………… 4
    四、知识产权的概念 …………………………………… 5
    五、知识产权的范围 …………………………………… 6
  第二节 知识产权的性质和特征 ……………………………… 13
    一、知识产权的性质 …………………………………… 13
    二、知识产权的特征 …………………………………… 14
  第三节 知识产权法律制度设计 ……………………………… 16
    一、知识产权法 ………………………………………… 16
    二、知识产权法的体系和地位 ………………………… 17
    三、WTO 与知识产权 ………………………………… 17

第二章 信息检索理论与方法 ……………………………… 23
  第一节 信息与知识产权 ……………………………………… 24
    一、信息与信息检索 …………………………………… 24
    二、知识产权与信息之战 ……………………………… 27
  第二节 信息检索基础理论 …………………………………… 28
    一、信息检索的原理和本质 …………………………… 28
    二、信息检索的特征和对象研究 ……………………… 30
    三、信息检索服务中的知识产权问题 ………………… 31
  第三节 信息资源的组织和存储 ……………………………… 33

· 1 ·

　　　　　一、文献信息的基本结构与描述 …………………………… 33
　　　　　二、信息的组织形式 ………………………………………… 34
　　第四节　信息检索需求表达 ………………………………………… 35
　　　　　一、检索算符 ………………………………………………… 35
　　　　　二、检索表达式构建 ………………………………………… 37
　　第五节　信息检索技术 ……………………………………………… 38
　　　　　一、信息检索的技术基础 …………………………………… 38
　　　　　二、基本信息检索的技术 …………………………………… 38
　　　　　三、智能信息检索的技术 …………………………………… 41
　　第六节　信息检索方法和程序 ……………………………………… 41
　　　　　一、信息检索方法 …………………………………………… 41
　　　　　二、信息检索程序 …………………………………………… 43
　　　　　三、信息检索效果评价 ……………………………………… 45

第三章　文献信息资源的管理及利用 …………………………………… 48
　　第一节　文献信息资源概述 ………………………………………… 48
　　　　　一、文献概述 ………………………………………………… 48
　　　　　二、科技文献类型划分 ……………………………………… 49
　　第二节　信息检索中的网络科技文献 ……………………………… 53
　　　　　一、网络科技文献概述 ……………………………………… 53
　　　　　二、网络科技文献的类型 …………………………………… 54
　　第三节　文献信息综合利用 ………………………………………… 54
　　　　　一、文献信息研究：内涵、方法、功能与任务 …………… 54
　　　　　二、文献信息研究方法的选择 ……………………………… 56
　　　　　三、文献信息的利用：阅读、综述 ………………………… 57
　　　　　四、文献的管理：信息时代的选择 ………………………… 59

第四章　专利文献信息利用基础 ………………………………………… 62
　　第一节　专利文献信息分析基础理论 ……………………………… 62
　　　　　一、专利文献的含义及范围 ………………………………… 62
　　　　　二、专利信息的作用 ………………………………………… 63

		三、专利文献检索目的 ……………………………	64
		四、专利信息分析基本流程 …………………………	64
	第二节	网络专利信息的获取 …………………………………	69
		一、网络专利信息源发展历史 ………………………	69
		二、中国专利信息检索系统 …………………………	71
		三、国外专利检索系统 ………………………………	76
	第三节	专利检索策略 …………………………………………	81
		一、检索策略的分类 …………………………………	81
		二、分类号的确定和使用 ……………………………	84
		三、关键词的确定和使用 ……………………………	85
		四、申请人/发明人的确定和使用 ……………………	88
	第四节	专利信息检索评估及去噪 ……………………………	90
		一、专利信息检索评估指标的确定 …………………	90
		二、查全率评估方法 …………………………………	90
		三、查准率评估方法 …………………………………	91
		四、数据去噪 …………………………………………	92

第五章 专利信息的利用：挖掘、布局、预警 …………………… 95
  第一节 重点专利分析 ………………………………………… 95
    一、重点专利的概念及指标 ………………………… 95
    二、重要专利筛选及确定 …………………………… 99
  第二节 专利布局与技术规避设计 …………………………… 101
    一、专利布局的概念 ………………………………… 101
    二、专利布局方法与企业专利布局 ………………… 101
    三、专利技术规避设计 ……………………………… 105
  第三节 专利挖掘 ……………………………………………… 107
    一、专利挖掘：定义、本质及具体操作 …………… 107
    二、专利挖掘注意事项及具体适用 ………………… 108
  第四节 专利预警及应对中的专利分析 ……………………… 109
    一、专利预警机制 …………………………………… 109
    二、专利预警机制的建立 …………………………… 109

 知识产权信息与创新发展

第六章 商标信息检索 …………………………………………… 114
第一节 商标信息概述 ………………………………………… 114
第二节 商标本体与本质 ……………………………………… 115
一、商标及商业其他标记 …………………………………… 115
二、商标的分类 ……………………………………………… 118
三、商标注册基础 …………………………………………… 123
四、商标侵权判定 …………………………………………… 127
第三节 商标信息检索方法 …………………………………… 128
一、商标信息检索的定义 …………………………………… 128
二、商标信息检索方法 ……………………………………… 129
第三节 商标检索工具 ………………………………………… 130
一、中国商标信息检索工具 ………………………………… 130
二、国外商标信息检索工具 ………………………………… 131

第七章 知识产权信息的合理利用 …………………………… 133
第一节 专利信息与创新驱动发展 …………………………… 133
一、专利信息与创新驱动战略 ……………………………… 133
二、专利信息在企业竞争中的作用 ………………………… 137
三、充分开发利用专利信息增强企业竞争能力 …………… 142
第二节 失效专利的有效利用及侵权规避 …………………… 144
一、失效专利概述 …………………………………………… 144
二、失效专利范围 …………………………………………… 145
三、失效专利利用的意义 …………………………………… 146
四、失效专利侵权的规避 …………………………………… 147
五、对失效专利利用的建议 ………………………………… 152
第三节 商业标识权利冲突及解决规则 ……………………… 153
一、知识产权权利冲突原因分析 …………………………… 153
二、商业标识权利冲突的基础 ……………………………… 156
三、商业标识权利冲突的类型 ……………………………… 157
四、解决知识产权权利冲突的基本原则 …………………… 159
五、保护在先权利与维护公平竞争 ………………………… 161

六、权利冲突的民事责任与负担……………………………164

第八章　知识产权信息应用实证研究……………………………166
　第一节　资源型城市转型升级过程中的专利信息利用………166
　　一、城市知识产权保护现状分析……………………………166
　　二、城市转型背景下知识产权保护反思……………………168
　　三、转型背景下知识产权保护对策的完善…………………172
　第二节　专利信息与行业技术发展……………………………176
　　一、数据获取与研究方法……………………………………176
　　二、领域专利态势分析………………………………………176
　第三节　专利与高校创新能力…………………………………182
　　一、黑龙江高校整体专利申请分析…………………………183
　　二、黑龙江高校个体专利分析………………………………185
　　三、黑龙江高校创新存在的问题……………………………187
　　四、提升黑龙江高校创新能力对策…………………………188

参考文献……………………………………………………………190

第一章
知识产权基础理论

第一节 知识与知识产权

一、知识与知识经济

根据经济合作与发展组织（OECD）在1996年发表的题为《以知识为基础的经济》报告对知识做出的系列界定，知识包括：知道是什么，即"Know-What"，表明了知识是一些明确的事实；知道为什么，即"Know-Why"，表明了知识是自然规律与社会进化的规则；知道怎么做，即"Know-How"，表明了知识是人们改造自然和社会的能力、素质和技术；知道谁，即"Know-Who"，表明了获得改造自然界和促进社会进步技能的主体。我国有学者认为，除上述界定以外，知识还应包括知道什么时间即Know-When和知道什么地点即Know-Where，因为即使知道了是什么，为什么，怎么做，谁来做，但如果在错误的时间和地点来做，仍然会产生错误。

从来源上看，知识来源于知识主体的生产和社会实践行为与活动，来源于主体对其所赖以生存的社会与自然环境的认知，也来源于后人对前人积累的知识的理解、运用、转化和增加。自从有人类产生以来，人们就不断通过各种途径和手段去挖掘、积累知识。从主体上看，掌握和使用知识的主体是具有智慧、能进行复杂的脑力劳动的人类。从目的上来看，掌握和运用知识的目的在于为人类自身创造更优越的社会与自然环境，满足人类不断提高的物质和文化生活需要。

随着人类经济和社会的发展与进步，人们对知识的认识越来越明确，知识在人们的头脑中显得越来越重要，知识的价值和作用在不断提高。通常是一个国家特有土地、劳动和资本的结合赋予了该国家经济上的优势，但随着社会经济的增长，知识水平与能力则成了一国与别国竞争时使之处于优势的重要根源。正如OECD文件中指出的那样：从经验研究中可以清楚地看到，OECD国家的整体经济绩效日益且越来越直接依赖于他们的知识存量和学习能力。

人类发展过程中经历了四次技术革命。第一次技术革命发生在18世纪中叶到19世纪中叶，以纺织机、蒸汽机为主要标志；第二次技术革命发生在19世纪末到20世纪初，以电力、化学制品和内燃机生产为主要标志；第三次技术革命发生在20世纪中叶到20世纪80年代，以原子能、电子计算机、遗传工程为主要标志；第四次技术革命则是20世纪80年代开始的以信息化、智能化为主要标志的技术革命。由此可见，人类对知识的掌握和运用在不断深化，知识的范围在不断扩大。科学技术是第一生产力的理念在人类发展中已经得到真正的拥戴与实行。1990年，联合国研究机构提出了"知识经济"这一概念，"知识经济"一词于是成为当今社会使用的最为频繁的术语之一。

知识经济是建立在知识和信息生产、分配和使用之上的经济，它具有与使用劳力资源为主的农业经济以及以使用自然资源为主的工业经济不同的特征。其特征主要有：第一，它以无形资产投入作为资产投入的决定性方式，是以知识为基础的经济；第二，它以创新作为发展的原动力，这种创新包括了知识、技术、体制和管理机制的创新；第三，它强调知识拥有者的价值，社会价值取向转向尊重知识，尊重人才，知识拥有者在向社会贡献出知识产品的同时，也必须吸取他人的智力劳动成果，丰富和扩充自己的知识范围；第四，它是可持续发展的经济，知识资源不会像自然资源那样枯竭，不会因使用而导致数量的减少；第五，它是全球一体化的经济，这与知识本身不被空间限制、极易传播等特性相关。各国政府力尽所能，充分占有和利用智力资源，在保护知识、尊重人才的观念与做法上更显出趋同倾向。

二、知识产权历史背景

人类发展的历史是一部以现有知识为基础，发挥一代代人的想象、创新和创造能力，经过实践经验的总结，达到解决各种问题的目标的历史。想象推动了艺术和科学的进步，从美索不达米亚的作品、中国算盘、叙利亚天体观测仪、古印度天文台、古登堡印刷术、内燃机、青霉素、南部非洲的草药及诊疗方法、晶体管、半导体纳米技术、电视、电话、汽车、火车、飞机、DNA重组药等科学技术，到音乐、美术、雕刻、建筑、小说及其他艺术作品等，我们无不发现知识对实践经验的总结，均不能在脱离历史发展、脱离前人实践经验的前提下产生，也进一步印证了是全世界发明人的想象推动着人类文明的发展直至今天的高技术发展水平。任何知识的产生必然经历学习→使用→更新的过程，从远古时代老一辈对下一辈手把手的传帮带到现代社会的学校教育，无一不是对知识从学习到使用再到更新的过程。在这个过程中，原有知识经过人们的理解、消化得到更新和补充，新的知识随之产生。当这种新的知识被其创造者或其他人掌握、运用、更新或补充后，这种当年属于新知识的知识逐渐成为旧知识。知识的发展正是这样在不断地经历一个循环的、呈螺旋状上升的过程。随着知识传播给新的个人并被其加以掌握和运用，这一螺旋过程也在继续。在这个过程中，我们可以看到，一方面，当知识被某个主体更新后，它首先会成为该主体私有的和加以控制的财产，这就是我们通常所说的"知识资产"。这些具有创造性的新知识往往使其创造者增加了提升其社会竞争力和社会地位的机会，因此，这些知识具有私有性，也是创造者可以采取一定措施加以保密或控制的。另一方面，由于知识本身是抽象和无形的，它不能像土地、房屋等有形财产那样为所有者实际占有和控制，因此，这些被更新的带有创造性的知识极易为他人所了解和运用。这种知识的扩散与传播往往是其创始者难于驾驭的，其结果往往使知识的创造者遭受利益损害。因此，知识资产的私有权应当受到国家法律的保护。同时，从社会发展的角度看，新的知识尽快为他人所知悉并运用是提高社会生产力、提高社会公众知识文化水平从而促进社会发展所必需。在对新知识的掌握和运用上，个人和社会公众利益之间产生了矛盾。如何解决这类矛盾，平衡知识创造者与社会公众之间的利益冲突，成为世界各国面临的现实问题。由此产生了知识产权制度。"知识资产的一定公共性和外部经济效应是支配知识产权制度的决定性经济根源。它决定着知识资产生产者私人利益和社会收益之间冲突的平衡，决定着一个国家如何建立合理有效的具体制度。"

知识是一种经济资源，这是现代社会中人们普遍承认的。人类对知识的保护实际上是对一种经济资源的保护。18世纪以来在各国相继建立的知识产权制度正是为满足这种保护需求而产生的，它为一国的知识水平提高和生产力发展提供了法律保障。以美国为例，它的建国者非常明智地在宪法中增加了"通过在一定时期内对作家和发明家对各自成果的权利提供保护以促进科学和有用艺术的进步"这一项条款。这一条款作为美国版权法和专利法的基础，提供了对创造和创新的激励，这一条款也开启了美国创造工业和经济基础的第二次革命。

在以高技术产业为支柱产业的知识经济时代，知识产权制度因应了客观环境的变化而不断得到巩固和补充。高技术产业作为国民经济发展的支柱产业所处的重要地位，使知识产权制度的发展以及知识产权法律制度的作用更为凸显。

三、"知识产权"一词的由来

"知识产权"一词作为法律术语被国际社会所普遍接受和使用，始于1967年在瑞典斯德哥尔摩签订的《成立世界知识产权组织公约》。我国法学界在1986年《民法通则》颁布以前，一直将知识产权称为"智力成果权"，这主要是沿袭了苏联对该类权利的概括。1986年以后出版的教科书及专著均采用"知识产权"一词。我国台湾地区则一直将知识产权称为"智慧财产权"。

"知识产权"一词近年来变得热门且具有一定的争议，研究知识产权的著作、文章及事件比比皆是。对知识产权持反对意见的认为知识产权会对国家尤其是发展中国家造成消极的影响，甚至比较极端的观点认为知识产权与发展中国家无关，会阻碍发展中国家的创新，这些观点随着知识产权被全世界关注，以及知识产权在世界范围内良好地运行和对经济发展所起到的重要的促进作用，被证明是荒谬的。造成这种错误认识除了政治上的原因外，主要是由于这类人群对知识产权不甚了解或者持有误解，因为对其而言的神秘难解，而想当然地代表全世界的某个群体否定了知识产权。随着时代的发展，新科技、新技术、创造性艺术逐渐渗透到社会的方方面面，人类的生活已经被知识产权包围。世界知识产权组织（WIPO）、发达国家、以中国为典型代表的发展中国家对知识产权进行了大力的宣传，同时也积极缔造良好的知识产权制度和国际条约。WIPO 在宣传知识产权的普遍价值时指出：知识产权属于全人类并且与所有时代和文化有关，知识产权标志着世界的进步，对社会发展做出了历史性的贡献，知识产权是世界全人类的财产。

四、知识产权的概念

关于知识产权的概念，各国认识不尽相同，国内学者的观点也不大一致。在 20 世纪 80、90 年代，一种有代表性的观点认为："知识产权是基于智力的创造性活动所产生的权利"，或"知识产权是指法律赋予智力成果完成人对其特定的智力创造成果在一定期限内享有的专有权利"等。上述定义的实质是将智力成果权直接置换为知识产权，它存在两方面的不足：一方面，有混淆智力成果权与知识产权之虞，因为智力活动直接产生的并不是法律上的某项权利，而只是某种智力成果，而且并非所有的智力成果都能作为知识产权的客体受到法律保护，能够作为知识产权客体的只是智力劳动成果的一部分，即使是纳入知识产权客体的某项智力成果，也必须由国家主管机关依法确认才能赋予其创造者以某种知识产权；另一方面，该概念的外延不够周全，因为它未涉及知识产权中的另一个重要客体——商业标志。

随着我国知识产权法制建设的发展，人们对知识产权概念的认识水平也在不断提高。近些年来，学者们比较重视从扩大概念外延的角度给知识产权下定义。其中比较有代表性的是我国著名知识产权法专家刘春田教授、吴汉东教授的观点。例如，刘春田教授主张："知识产权是基于创造性智力成果和工商业标记依法产生的权利的统称。"这一表述具有如下特点：（1）智力成果的概念使之与智力劳动概念划清了界限，仅有智力劳动而没有智力劳动成果并不产生知识产权，将知识产权界定为基于智力劳动而产生的权利不够确切；（2）创造性智力成果的概念使之将非创造性的智力成果排除在知识产权的保护对象之外；（3）知识产权之所以划分为创造性的智力成果权和工商业标记权，是因为作为财产权来说这两者的价值来源截然不同，创造性的智力成果权的概念不能涵盖工商业标记权的内容。吴汉东教授也有类似观点，他认为，知识产权是人们对于自己的智力活动创造的成果和经营管理活动中的标记、信誉依法享有的权利。冯晓青教授据此对知识产权做了全面合理的定义：一般地说，知识产权是指在科学、技术、文化、艺术、工商等领域内，智力创造成果的完成人、所有人或工商业经营活动中工商标志所有人依法享有的专有权利。应当说这些关于知识产权的概念的解释都包含了知识产权的内涵和外延，体现了我国学者对知识产权的深刻理解和精准把握。

五、知识产权的范围

（一）对象

知识产权的对象诞生于科技、文化和工商业领域，伴随着社会的发展，内容不断更新和丰富，大体上可以分为工业技术成果、商业标志、文学、艺术和科学领域的作品，以及其他工商业信息等。

知识产权所保护的对象，具体而言是指著作权保护的作品、专利权保护的发明创造、商标权保护的商标、商业秘密权保护的商业秘密，以及特别保护的植物新品种、集成电路布图设计、特殊标志等。

知识产权对象可以简单地理解为具有商业价值的信息。在当代信息社会里，知识产权的范围有向"信息产权"扩充的趋势。

1. 著作权的对象。著作权保护的对象是作品，是指文学、艺术和科学领域内，具有独创性并能以某种有形形式复制的智力成果。

作品应具备的条件：（1）"作品"必须是能被客观感知的外在表达；（2）"作品"必须是人类的智力成果；（3）"作品"必须属于文学、艺术和科学领域内的创作；（4）"作品"必须具有"独创性"（originality）。

"独创性"中的"独"："独"创并不一定要首创或新颖，而是要求"表达"原创。最高人民法院《关于审理著作权民事纠纷案件适用法律若干问题的解释》第十五条："由不同作者就同一题材创作的作品，作品的表达系独立完成并且有创作性的，应当认定作者各自享有独立著作权。""独创性"中的"创"：创造性标准低于专利法中要求的创造性；没有留下智力创造空间的活动不符合"独创"的要求；独创性的基准要能体现出作者的个性,并不要求高度的文学和美学价值,但要求智力创造要有一定的水准;"独创"并不排斥作者在创作过程中对他人知识的借鉴和合理使用。

我国《著作权法》中的"独创性":独创性判断标准没有统一的界定,从司法实践看,我国"独创性"标准没有德国要求的标准高,但高于"额头冒汗"(额头冒汗原则,或称辛勤原则)是一条知识产权法律原则,尤其关系到著作权法。根据这条法律原则,作者通过创作(如数据库、通讯录)时所付出的劳动就可获得著作权,并不需要真正的创造或"原创性"。美国联邦最高法院在1991年审理了后来被称为"Feist"的著作权案,为此后来将著作权保护作品的条件由"额头冒汗原则"更改为"独创性标准"。通俗说就是:如果你的作品缺乏独创性,仅仅是汇编、整理……即使在这个过程中,你呕心沥血,累得额头冒汗,也不属于著作权中的"作品"(work))标准,类似于美国的"最低限度的创造性"。

作品的类别包括文字作品(以文字、数字、符号等创作的作品);口述作品(即兴演说、授课、法庭辩论等以口头语言创作,未以任何物质载体固定的作品);音乐作品(以乐谱形式或未以乐谱形式表现的能够演唱或演奏的带词或者不带词的作品,如交响乐、歌曲等);戏剧作品(话剧、歌剧、地方戏等供舞台演出的作品;是供演出用的剧本而非"整台戏");曲艺作品(相声、快书、大鼓、评书等以说唱为主要形式表演的作品;是供表演用的脚本);舞蹈作品(通过连续的动作、姿势、表情等表现思想情感的作品;是供表演的舞蹈动作设计);杂技艺术作品(指杂技、魔术、马戏等通过形体动作和技巧表现的作品);美术作品(绘画、书法、雕塑等以线条、色彩或者其他方式构成的有审美意义的平面或者立体的造型艺术作品;纯美术作品与实用艺术作品);建筑作品(以建筑物或者构筑物形式表现的有审美意义的作品,指建筑物或构筑物本身);摄影作品(借助器械在感光材料或者其他介质上记录客观物体形象的艺术作品);影视作品(摄制在一定介质上,由一系列有伴音或者无伴音的画面组成,并且借助适当装置放映或者以其他方式传播的作品;保护的对象是拍摄完成的整部影片而非电影剧本);图形作品(为施工、生产绘制的工程设计图、产品设计图,以及反映地理现象、说明事物原理或者结构的地图、示意图等作品）；模型作品（为展示、试验或者观测等用途，根据物体的形状和结构，按照一定比例制成的立体作品）；计算机软件（计算机程序及其有关文档）；法律、行政法规规定的其他作品。

著作权法不保护思想。《与贸易有关的知识产权协议》（TRIPs 协议）第 9 条第 2 款规定：版权的保护应该延及表述方式，但不延及思想、程序、操作方法或数学概念本身。思想表达是一个抽象的过程，如果一种"思想"实际上只有一种或非常有限的几种表达，那么这些表达也被视为"思想"而不受保护。软件开发者开发的软件，由于可供选用的表达方式有限而与已经存在的软件相似的，不构成对已经存在的软件的著作权的侵犯。在文学作品中，表达某一主题的时候，必须描述某些场景，使用某些场景的安排和设计，那么这些场景即使是由在先作品描述时，在后作品以自己的表达描写相同场景也不构成侵权。

2. 专利权的对象。专利权保护的对象一为发明，是指产品、方法或者对其改进所提出的新的技术方案，其特征为正确利用自然规律而完成的发明创造，一种技术方案，包括产品发明、方法发明、改进发明三类。二为实用新型，是指对产品的形状、构造或者其结合所提出的适于实用的新的技术方案，其特征是具有一定的形状或构造的产品；该技术方案能解决一定的技术问题。三为外观设计，是指对产品的形状、图案或者其结合以及色彩与形状、图案的结合所做出的富有美感并适于工业应用的新设计。

专利权对象的限制是指：违反国家法律、社会公德或者妨害公共利益的发明创造；违反法律、行政法规的规定获取或者利用遗传资源，并利用该遗传资源完成的发明创造；科学发现；智力活动的规则和方法；疾病的诊断和治疗方法；动物和植物品种；用原子核变换方法获得的物质；对平面印刷品的图案、色彩或者二者的结合做出的主要起标识作用的设计。

3. 商标权的对象。商标权保护的对象是商标。《与贸易有关的知识产权协议》认为，商标是任何能够将一个企业的商品或服务区别于另一个企业的商品或服务的符号或者符号组合。其含义为：商品生产者、经营者、服务提供者使用的一种可视性标志；可由文字、图形、字母、数字、三维标志、颜色组合或者上述要素组合构成。

商标与其他商业标志之间有一定的联系和区别。商品名称分为通用名称（如冰箱、电视机、烟、酒等）和特有名称（如茅台酒、冰茶、果珍等）。通用名称不能作为商标，而特有名称如符合法律规定则可注册为商标。商品装潢，即商品包装上的装饰，它与商标的区别在于：商标专用，装潢不专用；商标的目的是区别商品，装潢的目的在于美化商品，刺激消费者的需求欲望；商标重在标志，不夸大商品的作用，装潢着力渲染、夸张、美化商品；商标不能与商品的内容相同，但装潢往往与商品内容一致（例如：不能用沙丁鱼作为罐头商标，但可作为商品装潢的一部分）。商号，即厂商名称或企业名称，通常商号只能是企业名称，不是区别商品的标记，但有些商号也被用作商标而加以注册，如"狗不理"包子铺、"张小泉"剪刀厂等。域名，即企业或机构在互联网上的名字或可供访问的地址，具有技术性和标识性。域名与商标的差别表现在：域名具有国际性，使用上不以商品或服务为限，商标则有地域性，且只使用在商品或服务上；域名必须注册才能使用，但商标采用自愿注册原则。

商标分为商品商标与服务商标；平面商标与立体商标；集体商标与证明商标；制造商标与销售商标；等级、联合与防御商标。

商标权禁用情形包括：不得与特定官方标志相同或近似；不得进行民族歧视、欺骗公众和损害道德风尚；不得用特定的中国和外国地名；不得误导性使用地理标志。

《商标法》第十一条规定了不得作为商标注册的标志：仅有本商品的通用名称、图形、型号的；仅仅直接表示商品的质量、主要原料、功能、用途、重量、数量及其他特点的；缺乏显著特征的。

前款所列标志经过使用取得显著特征，并便于识别的，可以作为商标注册。

《商标法》第十六条规定：商标中有商品的地理标志，而该商品并非来源于该标志所标示的地区，误导公众的，不予注册并禁止使用。但是，已经善意取得注册的继续有效。

前款所称地理标志，是指标示某商品来源于某地区，该商品的特定质量、信誉或者其他特征，主要由该地区的自然因素或者人文因素所决定的标志。

除此之外，县级以上行政区划的地名或者公众知晓的外国地名，不得作为商标。但是，地名具有其他含义或者作为集体商标、证明商标组成部分的除外；已经注册的使用地名的商标继续有效。

4. 商业秘密权的对象。商业秘密权保护的对象是商业秘密，指不为公众所知悉，能为权利人带来经济利益，具有实用性并经权利人采取保密措施的技术信息和经营信息。商业秘密的构成条件包括秘密性、经济性、采取了合理的保密措施。

对商业秘密属性的判断，《世界知识产权组织关于反不正当竞争保护的示范规定注释》提出了建设性的可操作意见："在确定是否为信息保密采取了合理步骤时，应考虑到权利持有人开发该秘密信息所花费的精力和金钱、该信息对于他和他的竞争对手的价值、权利持有人为该信息保密所采取措施的范围以及该信息为他人合法获得的难易程度。此外，秘密信息还必须可被例如文件形式或通过存储在数据库的形式辨别。虽然不需要有订立契约的义务，但权利持有人必须曾经表示出将该信息视为秘密信息的意图。"

知识产权的对象除以上所列举的之外，还包括商号、集成电路布图设计、植物新品种、特殊标志、数据库等，且随着网络、人工智能、信息技术、数字技术的发展，知识产权的对象在发生着不断的扩大，仅仅用列举是难以穷尽的。

国际组织对知识产权的范围主要以列举的方式进行，并加以兜底条款，以保护社会发展呈现出的新的类型的知识产权。1967年7月14日在瑞士斯德哥尔摩签订的《成立世界知识产权组织公约》第2条第8项规定，知识产权包括：（1）关于文学艺术和科学作品的权利；（2）关于表演艺术家的演出、录音制品和广播节目的权利；（3）关于人类在一切领域的发明的权利；（4）关于科学发现的权利；（5）关于工业品的外观设计的权利；（6）关于商标、服务标志、厂商名称和标记的权利；（7）关于制止不正当竞争的权利；以及在工业、科学、文学或艺术领域里其他一切因智力活动而产生的权利。

1994年签订的作为WTO规则重要组成部分的《与贸易有关的知识

产权协议》第1部分第1条确定了知识产权的范围,包括:(1)版权与相关权利;(2)商标;(3)地理标志;(4)工业品的外观设计;(5)专利;(6)集成电路布图设计;(7)未被披露信息的保护。

1992年4月,国际保护工业产权协会东京大会将知识产权分为两大类,即"创造性成果权"和"识别性标记权"。前者包括了发明权、专利权、工业品外观设计权、集成电路布图设计权、工商秘密权、著作权(包括计算机软件、著作邻接权);后者包括商标权、商号权、地理标记权等权利。

TRIPs协议签署后,国内的教科书在界定知识产权概念时则多以TRIPs协议界定的范围为依托,将WIPO公约中没有做出列举的地理标记、集成电路布图设计及未被披露信息的保护等新出现的权利纳入概念内涵中加以表述。有一点却是大家能一致认同的,那就是知识产权包括了工业产权和版权两大部分,它们是知识产权体系的两大支柱。这就是人们通常所说的狭义的知识产权,与WIPO公约、TRIPs协议以及后来人们在概念中所列举的包括其他交叉性权利的广义知识产权相对而言。工业产权主要包括专利权、商标权等;版权则包括作者权与邻接权等。WIPO公约、TRIPs协议等公约和协议中规定的范围被认为属于广义的划定范围。

(二)分类

知识产权一般有狭义和广义之分。

狭义的知识产权包括工业产权和版权两大类。工业产权可以分为三类:创造性成果权(包括发明专利权、实用新型权、外观设计权),识别性标记权(包括商标权、服务标记权、商号权、货源标记权和原产地名称权),制止不正当竞争权。广义的版权可以分为作品创作者权和作品传播者权两类。作品创作者权即一般所讲的版权(狭义)或著作权,大陆法系国家称之为作者权。创作者权可分为经济权利(财产权)和精神权利(人身权)两种。作品传播者权即一般所讲的版权的邻接权,又称为与版权有关的权利,包括表演者权、录制者权、广播者权、出版者权等。

世界知识产权组织在《建立世界知识产权组织公约》第2条第(8)款对知识产权的定义,实际上是对广义的知识产权定义。我们可以把广义的知识产权分为三大部分：工业产权、版权、对"边缘保护对象"的保护权。广义的知识产权除了包括狭义的知识产权中的工业产权、版权以外，还包括科学发现权，对"边缘保护对象"的保护权，以及商业秘密权等。

（三）与其他民事财产权利的区别

现代财产法通常由物权法、债权法、知识产权法这三个相互区别、相互关联、相互依存的部分构成。财产权也是由相应的物权、债权、知识产权组成。知识产权作为财产权，其内容和特征既不同于物权，也不同于债权。物权、债权和知识产权虽然均作为民事财产权，但又互相区别，就在于它们各自的法律事实构成不同。按照传统物权理论，物权产生的前提通常是占有一定的空间，能够为人力所支配并能满足人的一定的物质和精神需要，表现为动产和不动产、有体有形的"物"。但是，随着科技的不断进步，物的范围也在不断地扩大，一些无体无形的物却实实在在地存在着，比如电业成为物权的对象。债权产生的前提是以作为或者不作为的方式存在的无形无体的"行为"，知识产权的产生前提是以创造性智力成果和工商业标记形式出现的有形无体的"知识"，由于债权的对象是行为，故决定了其义务主体是特定的人，其权利具有相对权的特征，物权和知识产权分别表现为对物和知识绝对权的控制、利用和支配，因而是法定权利，其义务主体是不特定的多数人，其权利具有绝对权的性质，可见，债权和知识产权的区别是显而易见的，无需多言。以下重点讲述同是绝对权利的知识产权和物权的区别：第一，权利对象或标的不同。物权的对象是动产和不动产，以及其他实实在在地存在的物理学意义上的物，知识产权的对象则是不含物质实体的思想和情感的表现形式，是客观存在，是在虚拟中存在的"物"。第二，物权和知识产权虽然同为绝对权利，但是在独占性、专有性和排他性上，知识产权显然要弱于物权。第三，物权往往可以通过事实占有实现，知识产权的实现则需要法律的保障。第四，当知识产权与物权发生冲突时，知识产权通常要让位给物权。第五，知识产权的期限不同于物权的期限。第六，知识产权作为一种财产权，其价值无论是质的规定性还是量的规定性，都不同于物权。

第二节 知识产权的性质和特征

一、知识产权的性质

知识产权在绝大多数国家均被看作财产权之一，这是一种与有形财产权即我们通常所说的物权区别的权利。通常我们所称的物权指的是对有形物的管领和支配，它将无形财产排除在外。因智力成果而产生的权利构成无形财产权，往往通过国家的一些特别法律加以规范，这是知识产权的客体即智力成果本身的无形特点所决定的。

作为财产权之一，知识产权是特定的主体对无形财产享有的专有权利。尽管民法中物权与债权也同属于财产权范畴，但是，物权以有形物作为客体，是特定主体基于有形物对不特定主体享有的排他性权利。债权则是以物或行为作为客体，是特定主体因物或行为而对特定主体享有的权利，是一种相对权。可见，知识产权与债权是截然不同的，知识产权为绝对权，债权为相对权。知识产权与物权的区别在于客体的本质属性不同，在于物是有形的而智力成果是无形的。

知识产权是私权，这是 TRIPs 协议确认的。私权与公权是相对的权利，是指以获取私人利益为目的而享有的权利。如果以权利发生所赖以依据的法律划分私权和公权，私权则是依私法而产生的权利，主要规定在各国的民法中，可分为财产权和非财产权。包括我国在内的大多数国家的法律都将知识产权看作是平等主体之间因无形财产而产生的专有权。知识产权并非人们自由约定的权利，而是法律赋予特定主体可以排除他人干预的排他属性的权利。尽管在工业产权领域存在较为浓厚的行政色彩，如商标权、专利权均须由国家特定机关批准授予等，但并不否定知识产权具有的权利人一旦获得权利即有权排除他人干涉这种特质。知识产权具有民事权利的本质属性，属于民事权利中的一种，民法中对民事法律关系的调整方法和原则如平等、自愿、公平、等价有偿、诚实信用等均同样适用于知识产权法律关系。

二、知识产权的特征

知识产权特征的描述,在于进一步说明知识产权自身的法律品格,以区别于传统的财产所有权。关于知识产权的基本特征,学者们有许多的阐述,这些特征的概括在各种著述中虽略有差异,但是其基本特征都概括为"专有性""地域性""时间性"和"可复制性"。其实,这些特征的描述,是相对于其他财产权特别是所有权而言的,并非都是知识产权所独有的,只有客体的非物质性才是知识产权的本质特征。

(一)本质特征:客体非物质性

知识产权的客体即知识产品(或者称为智力劳动成果),是一种没有形体的精神财富,客体的非物质性是知识产权的本质属性所在。有的学者认为知识产权与其他财产权利的根本区别在于自身的无形性,而其他法律特征即独占性、时间性、地域性等皆由此派生而成。严格地讲,权利作为主体凭借法律实现某种利益所可以实施行为的界限和范围,概为无外在实体之主观拟制。正是在这个意义上,从罗马法学家到现代民法学家,都将具有一定财产内容的权利(除所有权以外)视为无体物。因此,知识产权与相关权利的本质区别,不是所谓该项权利的无形性,而在于其权利客体即知识产品的非物质性特征。对此,我国台湾学者曾世雄先生与大陆的吴汉东教授持有相同的观点:财产权之有形或者无形,并非指权利而言,而系权利控有生活之资源,即客体究竟有无外形。例如房屋所有权,其权利本身并无有形、无形之说,问题在于房屋是有体物;作为著作权,亦不产生有形、无形问题,关键在于作品系智能之物,为非物质形态。知识产品之无形是相对于动产、不动产之有形而言的,它具有不同的存在、利用、处分形态。第一,不发生有形控制的占有。由于知识产权不具有物质形态,不占有一定的空间,人们对它的占有不是一种实在而具体的占据,而是表现为对某种知识、经验的认识与感受。知识产品虽具有非物质特征,但它总要通过一定的客观形式表现出来,作为其表现形式的物化载体是有体财产所有权而不是知识产权。第二,不发生有形损耗的使用。知识产品的公开性是知识产权产生的前提条件。由于知识产品必须向社会公示、公布,人们从中得到有关知识即可使用,而且在一定时空条件下,可以被若干主体共同使用。上述使用不会像有形物的使用那样发生损耗，如果无权使用人擅自利用了他人的知识产品，亦无法适用恢复原状的民事责任形式。第三，不发生消灭知识产品的事实处分与有形交付的法律处分。知识产品不可能因实物形态的消费而导致其本身消灭的情形，它的存在仅会因期间（即法定保护期）届满而产生专有财产与社会公共财富的区别。同时，有形交付与法律处分并无联系，换言之，非权利人有可能不通过法律途径去"处分"属于他人而自己并未实际"占有"的知识产品。基于上述特征，国家赋予知识产品的创造者以知识产权，并对权利实行有别于传统财产权制度的法律保护。

（二）基本特征

1. 专有性。知识产权的专有性，又可称为独占性、排他性、垄断性。符合知识产权法定条件的智力成果，必须处于"专有领域"，具有"专有性"，如果进入"公有领域"就不能再受到知识产权保护。

2. 地域性。知识产权具有地域性，这也是它与有形财产权的重要区别之一。在国际法中有一条原则已经得到世界上大多数国家的承认：有形财产权适用财产取得地法或物之所在地法，而知识产权适用权利登记地法或权利主张地法。这反映出知识产权不同于有形财产权的地域性特点。例如，某人所有的一只手表，走到世界各地这块表仍归其所有，不会被视为公有财产，人人皆可无偿利用。而作为一项知识产权，例如一项中国专利权，在其他没有同样取得专利权的国家或地区是得不到承认和保护的。

3. 时间性。知识产权有法定的保护期限，在法定的保护期限内权利有效，超过了保护期限权利终止。这也是知识产权与有形财产权的区别之一。有形财产权的有效期限，以其标的物的存在为前提，法律一般不能规定其有效期限。知识产权的有效期则是法定的。知识产权的终止、失效，只是其标的（权利）的丧失，作为其客体的智力成果依然存在，只是由"专有领域"进入"公有领域"。之所以对知识产权规定法定保护期限，是为了更有效地推动科学技术、文化艺术的发展，并考虑到知识产权权利所有人利益等社会公众利益的兼顾和平衡。知识产权的失效，并不意味着其原来所保护的客体失去了使用价值。

4. 可复制性。又称为工业再现性，这个特性在工业产权中更为突出。知识产权的客体可以固定在有形物上，并可以重复再现，重复利用，具有可复制性。换言之，通过知识产权的利用，可以将其客体和其本身体现在某种产品、作品及其复制品或其他物品等物质载体之上。这是知识产权可以被视为一种财产权的基本原因之一。

第三节　知识产权法律制度设计

一、知识产权法

（一）知识产权法的概念

知识产权法是调整人们因创造、利用和保护智力成果而产生的各种社会关系的法律规范的总称。

与合同法、担保法等法律不同，知识产权法在立法形式上不存在一个以知识产权法命名的单行法，它是一个由各个具体的知识产权方面的单行法律法规构成的相对独立的体系。尽管知识产权属于民事权利之一，但在立法上还没有哪个国家将知识产权纳入民法典加以规定。大多数国家都采取分别立法的方式，通过制定单行法规范知识产权法律体系。只有法国和菲律宾设有知识产权法典，也有少数几个国家设有工业产权法典。

知识产权法所调整的社会关系为：（1）因智力成果的创造和确认而引起的社会关系，发生在智力成果的完成人之间、完成人与申请人之间以及申请人与审批机关之间。（2）因智力成果的利用而产生的社会关系。发生在智力成果的许可人与被许可人之间、转让人与受让人之间。（3）因智力成果的保护而产生的社会关系。发生在智力成果的权利人与侵权人之间。

（二）知识产权法的制度系统

知识产权法从兴起到现在虽然不过二三百年的时间，但对文化事业的发展和科学技术水平的提高起着举足轻重的作用。各国在制度体系设置上是相似的，这套制度系统主要由五方面组成：（1）智力成果的创造激励制度;(2)国家对主体取得的调控制度;(3)权利独占性的限制制度:权利保护期限、地域范围以及权能的限制;(4)权利流转秩序的规制;(5)侵权行为的阻却制度。

(三)知识产权制度的法律机制

法律机制是指法律使其所调整的社会关系达到一定的目标状态而具有的作用过程和作用手段,包括促进机制、引导机制、平衡机制和保护机制。

二、知识产权法的体系和地位

(一)知识产权法律体系

知识产权法律体系是指由知识产权领域中各具体法律法规构成的具有内在联系的整体。

从法律形式看,知识产权法由调整因智力成果而产生的社会关系的有关法律、法规和由成员国缔结或参加的国际公约组成。从具体法律法规的类别看,知识产权法律体系主要由几个特定的法律制度组成。

(二)知识产权法的地位

知识产权法的地位即知识产权法在整个法律体系中的地位,表现为知识产权是属于独立的法律部门还是归属于某个独立的法律部门。

知识产权属于民法的重要组成部分。但因为智力成果的无形性,使智力成果在管理、利用和保护上有别于民法中对有形物的管理、利用和保护。知识产权法律属于较为特殊的民事法律关系,这种特殊性主要是在智力成果与有形物的比较中呈现的,是相对而言的。至于知识产权法是纳入民法还是以单行法的形式继续存在,则是立法技术与习惯方面的问题,对知识产权的法律地位不构成影响。

三、WTO 与知识产权

我国已经加入世界贸易组织,成为 WTO 的正式成员。我们将面临着加入 WTO 和初见端倪的知识经济、新经济、经济全球化带来的多重机遇和多重挑战。WTO 和知识经济、新经济、经济全球化实际上是密切相关的。从一定意义上讲,世界贸易组织本身是知识经济、新经济、

 知识产权信息与创新发展

经济全球化的产物，反过来又大大地推进了知识经济、新经济、经济全球化的进程。

知识产权问题与知识经济、新经济、经济全球化有着极为密切的关系，在 WTO 中也占有极其重要的地位，因此受到各界高度的关注。

（一）知识产权纳入 WTO 是历史发展的必然结果

WTO 是一个协调世界各国国际贸易的组织，其前身是关贸总协定（GATT）。作为 GATT 来讲，主要协调的是货物贸易，而 WTO 协调的内容除了货物贸易以外，还包括服务贸易和与贸易有关的知识产权。经过 40 多年的发展，服务贸易在国际贸易中占有的比重越来越大，将其纳入 WTO 协调不难理解，但是为什么一定要把知识产权纳入 WTO 呢？这个问题确实有些令人费解。有人说，把知识产权纳入 WTO 是发达国家出于维护它们自身利益的需要、强烈要求的结果，是发达国家强加给其他成员的一个苦果。从历史发展的过程来看，这种说法不无道理。但是，更全面地来看，应该说知识产权纳入 WTO 是历史发展的必然结果。

知识经济是建立在知识和信息的生产、分配和使用基础之上的经济。换言之，知识经济时代是"以知识（智力）资源的占有、配置、生产、分配、使用（消费）为最重要因素的经济时代"。知识、信息是经济长期增长的首要因素，对经济发展具有决定性的先导作用。知识要想成为资源，其前提条件是必须承认知识是有价值的，而且应该从法律上给予承认和保护。如果知识的价值得不到承认和保护，就谈不上作为资源投入经济运作，知识经济更是无从谈起。例如：一块空白光盘，其价格只有一元；一块盗版光盘（录有影视节目或计算机软件），其价格为 5~10 元；一块正版光盘，录有影视节目的，其价格为几十元至二百元，录有计算机软件的，其价格可高达几千元以上，相差悬殊。这是因为，空白光盘作为物质载体，其成本很低，盗版光盘只是在空白光盘上简单的加工复制，其设备和人工成本很低，因而其价格也不贵；而正版光盘除了设备和人工成本外，还含有影视节目和计算机软件创作者的创造性智力劳动，其成本较高。盗版光盘和正版光盘之间的差价，即为智力劳动成果的价值，也就是知识产权的价值。如果没有知识产权保护，盗版将成为合法行为，正版光盘也只能卖到盗版的价格，那么，谁创作的影视节目越多，开发的计算机软件越多，谁赔本就越多，这样也就无

第一章　知识产权基础理论

人进行创造性智力劳动，我们的影视节目将越来越匮乏，我们的计算机即使性能再好，也将成为一堆废铁。可以这样说，没有计算机软件的发展，就没有今天的互联网。没有知识产权法律保护，就没有今天的微软，比尔·盖茨也不会成为世界首富。

知识产权法律制度就是承认和保护知识价值的法律制度，其对于发展知识经济的重要意义是不言自明的。可以说，如果没有知识产权保护制度，就不可能有知识经济。

新经济的核心是"创新"，包括技术创新、理论创新、观念创新、管理创新、知识创新、制度创新等。没有创新，就谈不上什么新经济。而知识产权法律制度实质上是一种鼓励和保护创新的制度。创新是产生知识产权的必要条件之一。一项发明创造取得专利权的实质条件包括新颖性和创造性，作品要想获得版权必须要具备独创性（或称原创性），商标设计要想通过注册取得商标权必须具有新颖性和显著性（又称区别性），构成商业秘密的一个必不可少的条件也是新颖性（又称非公知性），都与"创"和"新"有关。特别是专利法律制度，实质上就是从产权角度对发明创造进行激励的制度。创新成果需要知识产权的保护，知识产权保护的完善反过来又大大激励和推动了创新，成为技术创新导致科技进步的关键。科学技术对经济发展的促进作用，也主要是通过知识产权法律制度和其他相关法律制度的保护而得以实现的。创新的过程就是不断完善、发展知识产权制度的过程。

经济全球化也是当前讨论的一个热点问题。一般地说，经济全球化是指在世界经济大市场中通过国际分工，不断提高资源配置的效率，使商品、服务、生产要素和信息在国际间流动的规模不断扩大，各国间的经济发展互相依赖、互相关联的程度呈现日益加深的趋势。经济全球化的特点是：在全世界范围内，各国的经济发展不再仅仅是局限在各个国家，在世界范围内国际分工日趋明显，通过国际分工不断地提高资源配置的效率，使商品、服务、生产要素和信息在国际间的流动规模不断扩大，各国之间的关系更加密切，世界成为一个大市场，各国都成为这个大市场的组成部分，互相之间密不可分，所以各国间的这种经济发展和相互依赖的程度、互相关联的程度日益加深。这是一个总的发展趋势，也就是说，我们今天来讨论世界贸易组织问题，讨论知识经济、新经济问题，都涉及一个经济全球化的问题，不能和经济全球化截然割裂开。从另一个角度来看，经济全球化也是知识经济、新经济的基本特征之一，知识经济、新经济发展的结果必将是经济全球化，这也是毫无疑问的。

WTO成立之时，恰逢知识经济、新经济、经济全球化开始发展之时。在WTO中纳入知识产权恰好迎合了这一历史发展的潮流，具有历史的必然性。

（二）知识产权是构成WTO的三大支柱之一

WTO的前身关贸总协定最初主要是针对货物贸易的。在"二战"以后，为了促使经济尽快复苏和发展，作为发达国家，也就是当时的主要资本主义国家，感觉到要发展经济，首先遇到的就是各国贸易壁垒的问题，而这个贸易壁垒当时主要是针对有形商品，也就是我们平常讲的货物贸易。所以当时搞了一个关贸总协定，来解决提倡自由贸易，取消关税壁垒，以促进经济发展问题。

什么时候才涉及知识产权问题呢？关贸总协定曾先后进行了8轮会谈，不断修订完善有关的协议。知识产权问题是在第7轮谈判中提出的，到1986年9月开始的第8轮谈判，才第一次把与贸易有关的知识产权问题正式纳入。经过七年多的反复讨论，达成了《与贸易有关的知识产权协议》（即TRIPs），作为整个第8轮谈判，也就是乌拉圭回合一揽子协议中的一个重要组成部分，提交大会通过。

在WTO当中一共设置了三个理事会，就是"货物贸易理事会""服务贸易理事会"和"与贸易有关的知识产权理事会（简称为TRIPs理事会）"。而在世界贸易组织直接领导的常设机构当中，也设立了一个"知识产权与投资部"。这充分表明，知识产权与国际贸易已经结为一体，成为国际贸易中不可分割的一部分，并与"货物贸易""服务贸易"一起构成世界贸易组织的三大支柱。

（三）知识产权贸易已成为国际贸易中的一种主要形式和竞争手段

知识产权贸易，狭义的理解就是指以知识产权为标的的贸易，主要包括知识产权许可、知识产权转让等内容；广义的理解还应包括知识产权产品贸易。

第一章　知识产权基础理论

以知识产权转让、许可为主要形式的无形商品贸易大大发展。据联合国有关机构统计，国际间技术贸易总额 1965 年为 30 亿美元，1975 年为 110 亿美元，1985 年为 500 亿美元，90 年代已超过 1000 亿美元。1995 年信息技术产品出口贸易为 5950 亿美元，超过了农产品贸易，30 年间增加了 190 多倍。除了技术贸易以外，以商标许可、商号许可、商业秘密许可、版权许可等形式为主要内容的知识产权贸易，也有飞速的发展，并成为知识经济条件下实现企业发展虚拟化的主要方式。

美国把版权产业作为国民经济中一个单独的产业来看待。美国所说的版权产业包括四类，第一类是核心类的版权产业，其特征是创造有版权的作品或者受版权保护的物质产品，主要针对享有版权的再创作、复制、生产和传播。这样讲比较抽象，具体谈起来有计算机软件业、录音制品制作业、影视节目制作业、报刊和书籍出版业、电台和电视台广播业、戏剧创作演出、广告业，还有数据处理等产业。第二类，属于部分的版权产业，就是说有一部分物质产品是有版权的，如纺织业、商业和建筑业。第三类，发行类版权产业，是指有版权的作品进行批发和零售。第四类，与版权有关的产业，指在生产销售过程中，要用到或部分用到与版权有关的材料，如计算机产业、收音机、电视机、录音音响设备等。1996 年，美国核心版权产业创造了 2784 亿美元（按 1997 年美元的可比价格计算为 3249 亿美元）的产值，在美国国民经济产值中，核心版权占 3.65%，1996 年和 1995 年相比，增长 3.5%。1997 年，美国核心版权产业创造了 3484 亿美元的产值，在美国国民经济产值中，核心版权占 4.3%，1997 年和 1996 年相比，增长 7.2%。1999 年，美国核心版权产业创造了 4572 亿美元的产值，在美国国民经济产值中，核心版权占 4.94%，1999 年和 1998 年相比，增长 10.9%。1977 年到 1999 年，美国核心版权业的净产值在国内生产总值中的增长率为 360%，年平均增长率为 7.2%，是同期美国经济总增长率（3.1%）的 2.3 倍。我们知道，美国的经济比较发达，每年经济的增长率是很低的。1996 年全部版权产业为美国经济创造了 4339 亿美元（按 1997 年美元的可比价格计算为 4938 亿美元）的产值，占整个国民经济总产值的 6.32%，比 1995 年增长了 4.3%。1997 年，全部版权产业为美国经济创造了 5293 亿美元产值，占整个国民经济总产值的 6.53%，比 1996 年增长了 7.2%。1999 年，美国全部版权产业为美国经济创造了 6167 亿美元产值，占整个国民经济总产值的 7.33%，比 1998 年增长了 9.9%。1977 年到 1999 年，全部版权业的净产值在国内生产总值中的增长率为 303%。美国核心版权业就业人数占全美各行业就业人数的比例，从 1977 年的 1.6%（150 万人），增加到 1996 年的 2.8%（350 万人），1997 年的 2.9%（380 万人），1999 年的 3.24%（430 万人）；整个版权业的就业人数占全美人数的比例，1977 年为 3.3%（300 万人），1996 年为 5.2%（650 万人），1997 年为 5.3%（690 万人），1999 年为 5.7%（760 万人）。从出口看，1991 年核心版权业的出口额是 361.9 亿美元；1996 年核心版权业的出口额是 601.8 亿美元，比 1995 年增长了 13.3%，居美国各行业的第一位，超过了汽车及配件、农产品、航天业、计算机业等；1997 年为 668.5 亿美元，比 1996 年增长了 11.1%，仍居各业之首；1998 年为 692.1 亿美元，比 1997 年增长了 3.5%，仍居各业之首；1999 年为 796.5 亿美元，比 1998 年增长了 15.1%，仍居各业之首。在核心版权业中，计算机软件业发展最快，出口额从 1991 年的 196.5 亿美元增加到 1999 年的 497.9 亿美元，增长率为 153.3%；电影业的出口额从 1991 年的 70.2 亿美元增加到 1999 年的 137 亿美元，增长率为 95.3%。这样看来，美国版权业特别是核心版权业成为美国国民经济中发展最快、就业人数最多、出口最多的产业，在美国占了很重要的比重。

（四）TRIPs 是 WTO 中最重要的协议之一

世界贸易组织的《与贸易有关的知识产权协议》（简称 TRIPs），是 1993 年 12 月 15 日通过，1994 年 4 月 15 日正式签署，1995 年 1 月 1 日起生效的，是关贸总协定第八轮谈判（乌拉圭回合谈判）所通过的一揽子协议之一，也是所有 WTO 成员必须遵守和执行的协议之一。从整体上看，TRIPs 可以说是当前世界范围内知识产权保护领域中涉及面广、保护水平高、保护力度大、制约力强的一个国际公约，因此受到各国和各个关税独立区的高度重视。

第二章
信息检索理论与方法

人类已经进入信息社会,这是国际社会对人类社会发展现状的普遍认识。从1973年的丹尼尔·贝尔《后工业社会的来临》开始,有许多学者在探讨这样的社会运行模式,其中一个不争的事实是:信息成为重要的资源。

自20世纪下半叶以来,人类产生的信息量高速增长,据估计,这期间,全世界每年出版图书50多万种、期刊10万多种、专利约50万件、科技报告约90万件、会议文献10多万篇、产品样本50多万种,每年发表的科技论文总数近500万篇,并呈指数式增长,真可谓信息浩如烟海。如何从这浩如烟海的信息中找出所需信息,就成为信息检索教学的重要任务。自20世纪80年代以来,以缩微平片、声像带、磁盘、光盘等形式记录的非纸质信息急剧上升,伴随着计算机进入多媒体时代,信息科技也步入多媒体发展时期,手工检索靠"手翻、眼看、大脑判断"的检索方式已难以全面适应当今信息的发展,计算机信息检索必然地提到了应用与发展阶段,以Internet为代表的全球性网络的实际应用更进一步推动了这一发展,这既是对手工检索的扩展,也是时代的要求。

当今国际上绝大多数国家对知识产权的保护持严保护、大保护态度,严厉打击侵权,保障知识产权人的私有权利,鼓励发明、创新,同时又倡导对技术、知识信息的最大化利用,转化为现实生产力和创造出新的文化艺术作品。那么国家如何保证在利用现有知识信息、充分挖掘其内在价值的同时,又不侵犯他人的私有权利,是一个必须正视的问题,也是当下知识产权界的研究热点。2011年12月16日,胡锦涛在"庆祝天宫一号与神州八号交会对接任务圆满成功大会"上指出:坚持自主创新、提高自主创新能力,是我国应对未来挑战的重大选择,是统

 知识产权信息与创新发展

领我国科技发展的战略主线，是实现建设创新型国家目标的根本途径。并强调，要发展创新文化，培育全社会创新精神，鼓励自主探索，保护知识产权，使一切创新想法得到尊重、一切创新举措得到支持、一切创新才能得到发挥、一切创新成果得到肯定。加强信息的利用、传播和服务，是贯彻落实《国家知识产权战略纲要》的重要手段，是提高我国自主创新能力的基础工作，是加速推进创新型国家建设的重要保障。不管是政府相关部门、企事业单位、广大科研人员、知识产权工作者还是其他职业从业者都应当充分认识知识产权信息的重要性。

对知识产权信息的利用包括对公知技术信息的利用、有权信息的利用以及失效知识产权信息的利用，囊括了所有法律状态的知识产权。不同法律状态的知识产权信息的利用方式是不同的，受到法律的规制也是差别巨大的。而法律状态的确定则是通过对知识产权的信息检索来确定的，也是避免侵权的重要方式之一。霍中祥在《公知公用技术信息的挖掘——谈企业全球化对失效专利信息的利用》中提到避免专利侵权的首要方法就是要进行专利情报分析，也就是通过对来自专利说明书、专利公报中大量的、个别的专利信息进行加工及组合，并利用统计方法或技术手段使这些信息具有纵览全局及预测的功能，并且通过分析将原始的专利信息从量变到质变，使它们由普通的信息上升为企业经营活动中有价值的情报。由此可见，信息的有效检索是信息利用的先决条件，只有有效的信息被应用才能够产生效益、价值。

第一节　信息与知识产权

一、信息与信息检索

（一）信息的概念

信息像弥漫于我们周围的空气一样到处存在，为人所用，但又不容易界定它是什么或每个人拥有的是什么。人类往往更容易关注到远方或者是不熟悉的主题，而忽视对日常生活中概念的明确和分析。我们的主题"信息"就是一个典型的例子。相信几乎所有人都知道可以称呼什

么是"一条信息",人们可以举出无穷无尽的例子说它们是"信息",但是我们仍旧无法对"信息"本身做出清晰的界定。我们对信息的熟悉程度已经超乎了人类所有能够全面分析它的本质的能力,现实是如此的姿态万千,我们无法穷尽每一种具体形态。

迄今为止,信息还没有一个统一的定义,不同的作者站在不同的角度就有不同的理解。例如,信息论的创立者香农(C. E. Shannon)着眼于对信息的描述,把信息定义为"用于消除不定性的东西"。控制论的创立者维纳(N. Wiener)着眼于信息应用,对信息的定义是:"信息就是我们适合外部世界进行交流的内容的名称"。我们这里把信息定义为:信息是指应用文字、数据或信号等形式通过一定的传递和处理,来表现各种相互联系的客观事物在运动变化中所具有特征性的内容的总称。不同事物具有不同的存在方式和运动规律,从而构成了各种事物的不同的特征,发出不同的信息。总之,信息是对客观世界中各种事物的变化和特征的反映,是客观事物之间相互作用和联系的表征,是客观事物经过感知或认识后的再现。通俗地讲,信息就是通过信号带来的消息,信息普遍存在于自然界、社会界和思维界,信息与物质、能量共同构成了现代社会的三大资源,成为社会进步的强劲推动力。

(二)信息检索的概念及意义

何为信息检索(Information Retrieval)?信息检索,是指将信息按一定的方式组织和存储起来,并根据信息用户的需要找出有关信息的过程,所以它的全称又叫"信息的存储与检索"(Information Storage and Retrieval),这是广义的信息检索。从广义上讲,信息检索包括两个过程,一是信息存储(Information Storage),即信息的标引、加工和存储过程;二是信息检索(Information Retrieval),即信息用户的查找过程。狭义的信息检索则仅指该过程的后半部分,即从信息集合中找出所需要的信息的过程,相当于人们通常所说的信息查寻(Information Search)。

与手工检索一样,计算机信息检索应作为未来科技人员的一项基本功,这一能力的训练和培养对科技人员适应未来社会和跨世纪科研都极其重要,一个善于从电子信息系统中获取信息的科研人员,必定比不具备这一能力的人有更多的成功机会,故大家对这一领域的技术应予以足够重视。

信息检索的本质是一个匹配的过程，即用户的信息需求和信息存储的信息集合进行比较和选择的过程。

信息检索的作用与意义主要体现在以下三方面。

1. 获取新知识的捷径。在改革开放的今天，传统教育培养的知识型人才已满足不了改革环境下市场经济的需求，新形势要求培养的是能力型和创造型人才，具备这些能力的人才首先需要具备自学能力和独立的研究能力。大学生在校期间，已经掌握了一定的基础知识和专业知识。但是，"授之以鱼"只能让其享用一时。如果掌握了信息检索的方法便可以无师自通，找到一条吸收和利用大量新知识的捷径，把大家引导到更广阔的知识领域中去，对未知世界进行探索，是谓"授之以渔"，才能终身受用无穷。德国柏林图书馆门前有这样一段话：这里是知识的宝库，你若掌握了它的钥匙，这里的全部知识都是属于你的。这里所说的"钥匙"即是指信息检索的方法。

2. 节省研究人员的时间。科学技术的迅猛发展加速了信息的增长，加重了信息用户搜集信息的负担。许多研究人员在承接某个课题之后，也意识到应该查找资料，但是他们以为整天泡在图书馆"普查"一次信息就是信息检索，结果浪费了许多时间，而有价值的信息没有查到几篇，查全率非常低。信息检索是研究工作的基础和必要环节，成功的信息检索无疑会节省研究人员的大量时间，使其能用更多的时间和精力进行科学研究。

3. 避免重复研究或走弯路。我们知道，科学技术的发展具有连续性和继承性，闭门造车只会重复别人的劳动或者走弯路。比如，我国某研究所用了约十年时间研制成功"以镁代银"新工艺，满怀信心地去申请专利，可是美国某公司早在20世纪20年代末就已经获得了这项工艺的专利，而该专利的说明书就收藏在当地的科技信息所。科学研究最忌讳重复，因为这是不必要的浪费。在研究工作中，任何一个课题从选题、试验直到出成果，每一个环节都离不开信息。研究人员在选题开始就必须进行信息检索，了解别人在该项目上已经做了哪些工作、哪些工作目前正在做、谁在做、进展情况如何等。这样，用户就可以在他人研究的基础上进行再创造，从而避免重复研究，少走或不走弯路。

二、知识产权与信息之战

当今社会是一个互联网的时代，是一个信息的时代，但是在互联网背景下，并不是谁拥有了信息谁就能制胜。制胜者是那些率先发现这些信息，并从中获得最大利润者。

知识产权已经成为网络世界中的战区。从音乐文件到已获得专利的网上赠物券方案，冲突几乎每天都在发生。自 1995 年以来，美国有关专利、版权和其他知识产权的联邦诉讼案是其他诉诸联邦法律来解决的案件的 10 倍，1999 年则突破了 8200 件。包括娱乐业和旅游业在内的众多行业的发展前景将取决于这些知识产权之争的结果。亚马逊公司创始人杰弗瑞·贝索斯说："在这样的环境中，你务必要做的一件事情是要有一套强大的专利组合，即使这只是为了防御的目的。否则，有朝一日你完全有可能发现自己被挡在关键技术之外。"因特网的边界正在迅速地被封闭起来。这令许多专家担心，知识产权之争正在殃及构成新经济核心的技术创新。毕竟，网络之所以能得到爆炸式的普及，一个重要原因就是早期的发明，比如网络浏览器和单击连接等项技术就从来没有申请过专利。技术书籍出版商蒂姆·奥赖利说："网络建立在开放的技术基础之上。"他与亚马逊公司的贝索斯就其单击订货专利曾有过一场争论，这项专利使消费者仅用一个鼠标就可以实现网上购物。这场激烈的争论向管理机构、学术界和公司领导人提出了一些根本性问题：新经济真正需要什么样的保护，来培育技术创新和新市场？正因为有了这些创新的技术，网络才得以成为有史以来增长最快的媒介之一。一些人认为，网络允许人们盗用技术创新者或艺术家的成果，从而破坏了创造性。这就是专利期限被延长的原因。现在，美国的专利期限已从过去的 17 年延长至 20 年，版权期限也被延长，而且对侵权行为的惩罚也更加严厉。版权期限从过去的作者去世后的 50 年延长到 70 年，更多的侵犯版权行为被视为刑事犯罪。

更加严格的法律不一定是解决问题的办法。技术进步如此之快，以至于长时间的专利期限对那些资本高度密集、由网络驱动的行业的新兴公司来说起不到任何作用。版权法的适用范围也在经受着考验。在网上，数字信息很容易被拷贝，而不会带来任何质量上的损失，销售的边

 知识产权信息与创新发展

际成本实际上等于零。信息的扩散以及共用这些信息的新途径的出现意味着信息的流动将如流水一样频繁,任何限制这个流动的企图就像试图在河水中修筑堤坝一样。这就是克拉克试图通过 Freenet 所要昭示世人的观点。

没有人确切地知道,更加严格的知识产权控制是否会把网络从一匹千里马变为小蜗牛,从而妨碍了其改变世界的速度。但是许多经济学家怀疑这种情况会发生。美国国家科学院正在组织一项历时 18 个月的系列研究,对美国的专利政策进行审查,原因是:鲜为人知但却持续不断的迹象表明,专利和版权法更多地被用来威胁小用户和竞争对手,而不是用来保护真正的技术创新。

解决这一问题的办法不是建立一个没有知识产权的世界。如何才能保持技术创新在新经济中的生命力呢?答案就是,在网络时代,企业必须学会如何利用知识产权呈现出来的信息而不侵犯他人知识产权,同时又能保护自己的知识产权不被侵犯。

第二节 信息检索基础理论

一、信息检索的原理和本质

"检索"即"查找"之意。广义的信息检索包括信息的存储和检索两个过程。信息的存储就是将搜集到的一次信息,经过著录其特征(如题名、著者、主题词、分类号等)而形成款目,并将这些款目组织起来成为二次信息的过程。信息的检索是针对已存储好的二次信息库进行的,是存储的逆过程。存储是为了检索,而为了快速而有效地检索,就必须存储。没有存储,检索就无从谈起。这是存储与检索相辅相成、相互依存的辩证关系。然而,由于职业、知识水平、个人素质甚至习惯等因素的差异,信息标引者与信息检索者对同一信息的分析、理解也会存在不同。比如《计算机在生物化学中的应用》一文,标引者可能将其归入"生物化学"类,而检索者则可能在"计算机"类查找该文。这样,标引者与检索者之间发生了标引错位,存储的信息就无法检

索到。

怎样才能保证信息存得进又取得出呢？那就是存储与检索所依据的规则必须一致，也就是说，标引者与检索者必须遵守相同的标引规则。这样，无论什么样的标引者，对同一篇文献的标引结果都一致，不论是谁来检索，都能查到这篇文献。信息存储与检索共同遵循的规则被称为信息检索语言。只要标引者和检索者用同一种检索语言来标引要存入的信息特征和要查找的检索提问，使它们变成一致的标识形式，信息的存储过程与检索过程就具备了相符性。相应地，存入的文献也就可以通过信息检索工具（系统）检索出来。如果检索失败了，那么就要分析一下检索提问是否确切地描述了待查课题的主题概念？在利用检索语言标引时是否出了差错，从而导致检索提问标识错误？只有检索提问标识和信息特征标识一致时，相关的文献才能被检索出来。信息检索正是以信息的存储与检索之间的相符性为基础的，如果两个过程不能相符，那么信息检索就失去了基础。检索不到所需的信息，存储也就失去了意义。

根据信息检索的定义，我们知道存储与检索是信息检索的两个核心。信息检索的一般原理可以这样表述：以信息的充分交流和有效利用为目标，在对大量分散的信息进行搜集的基础上，标引人员以文献或信息描述体构成文献或信息库，提炼或选取用以表达文献或信息特征和主题内容的标识，按一定的方式分别予以有序化组织，建成各种各样的检索系统，在统一存储和检索过程所使用检索和名称规范的基础上，将用户表达检索课题的标识与检索系统中表达文献或信息内容和形式特征的标识进行相符性比较，若是双方标识一致，就将具有这些标识的文献或信息按要求从检索系统中输出。在用户的信息检索过程中，检索系统输出的文献可能是用户需要的最终信息，也可能是用户需要的文献线索，用户按此信息的指引，可进一步获取需要的最终文献和信息。

随着计算机技术、通信技术和高密度存储技术的迅猛发展，利用计算机进行信息检索已成为人们获取文献或信息的重要手段。计算机信息检索能够跨越时空，在短时间内查阅各种数据库，还能快速地对几十年前的文献资料进行回溯检索，而且大多数检索系统数据库中的信息更新速度很快，检索者随时可以检索到所需的最新信息资源。科学研究工作过程中的课题立项论证、技术难题攻关、跟踪前沿技术、成果鉴定和专利申请的科技查新等都离不开查询大量的相关信息，计算机检索是目前最快速、最省力、最经济的信息检索手段。

二、信息检索的特征和对象研究

（一）信息检索的特征

根据信息检索的一般原理和本质，我们可以知道信息检索存在如下特征。

1. 信息检索的逻辑性。信息检索作为信息管理的核心，具有非常强的逻辑性。在检索语言方面，检索词表作为检索语言的典据性文本，其自身编排具有很强的逻辑性。在检索策略的研究方面逻辑性表现得更为明显。所谓检索策略是指处理信息检索提问的逻辑与查找步骤的科学安排。正确的检索策略优化了检索过程，有助于取得最佳的检索效果，获得具有高相关度的文献。但是如前分析的，检索过程具有不确定性，这一点决定了检索不是一蹴而就的事。在检索过程中能否根据实际情况进行动态的反馈和调节以尽量减少检索失误，直接影响到检索的成败，其中系统用户之间交互的接口功能与检索策略的逻辑性更是关键。

2. 信息检索的不确定性。信息检索系统并没有直接处理原始文献和原始用户需求，它提供的只是文献表示和查询表示之间的关系，这就涉及标引和检索词选用的准确度问题。而实际上，在标引和检索词的选用中都存在不确定性。标引的不确定性是指不同标引员在给同一篇文献进行标引时会选用不同的标引词，即标引词选用的不一致性。检索词选用的不确定性是指候选检索词集不只一个，而是多个，检索过程具有试探性；系统依次选用词集进行检索，直到检出或在失败中放弃查找。上述两种不确定性作用于检索系统，使得信息检索具有不确定性。

3. 信息检索的相关性。苏联情报学家 A·切尔内认为：所谓相关性，是指信息检索时规定的一篇正文与表示信息提问的另一篇正文的符合程度。英国图书馆学家福斯克特把相关性定义为：属于不拘于提问词的论文方面或主题领域的并由该领域的人们一致确认的文献。国内信息界认为：相关性表明用户是否认为文献与提问吻合。在信息检索中广泛地存在着相关性的问题。

（二）信息检索的研究对象

信息检索作为一个学科或研究领域，是属于信息学的一个重要分支，它是在文献工作、图书馆学、目录学等领域的交叉点上发展起来的比较年轻的学科。它根植于文摘索引工作和文献检索服务工作，并且越来越多地从计算机科学、数学、语言学等学科引进一些科学方法和技术手段，在此基础上形成了自己的专门研究领域。它的研究对象大致可以归纳为下述四个方面：

1. 有关检索语言的研究。文献存储时，文献标识按照一定的语言加以描述，而进行检索时，情报提问也按照相应的语言予以表达，检索语言是一种把标引与检索联系起来，对概念进行规范化处理，使检索得以有效进行的语言。检索语言既用来描述文献的内容特征，又用来表达情报检索的提问。各种分类表和主题词表是检索语言的具体体现形式。在各种检索语言的基础上，根据各种排检规则，形成了各种不同类型的索引，相应地产生了各种不同的检索途径与检索方法。

2. 有关检索系统的研究。检索系统是根据一定的目标，将有关文献或数据按照一定的检索语言进行标引，记录（存储）在一定的载体上，按照一定的结构次序组织起来，从而能够提供一定检索手段的系统。检索系统的构成与配置、功能的设计、维护与使用的方法等，都是检索系统研究的主要内容。

3. 有关检索策略的研究。检索策略是在分析情报需求实质，明确检索提问的基础上，选择检索工具、检索途径与检索用词，并明确各词之间的逻辑关系与查找步骤的科学安排。正确的检索策略可优化检索过程，取得良好的检索结果。不完善的检索策略，是造成检索失误的主要原因。

4. 有关检索服务的研究。包括对检索用户需求的调查研究、各种服务方式、服务经验及服务效果的分析与评价。

三、信息检索服务中的知识产权问题

信息检索涉及信息的下载、挖掘、整合和再加工，知识产权风险会伴随着整个信息检索过程，所涉及的知识产权问题是多方面的，譬如检索过程由于客户个性化的检索和服务的需求会隐藏着客户一定的个人隐

私，客户面临隐私权安全的问题。在信息检索中与知识产权有关的问题主要集中在如下几个方面。

（一）信息检索初始咨询服务中涉及的知识产权问题

信息检索初始进行信息课题咨询服务时，因为要向用户提供可行性论证、专题调查、分析评价报告、科技查新等咨询服务，因此会收取一定的费用，在这个环节较容易对专利文献和知识产权的享有者造成侵权。

（二）信息下载、超文本链接涉及知识产权问题

下载或打印是将数字化信息从网上复制到自己的计算机上或直接打印在纸上，属于复制享有范畴。在网络上下载或打印信息也涉及知识产权问题。版权人声明不允许下载的作品，图书馆擅自下载，侵犯了权利所有者的权益。用户在检索和查询信息时能从一个网站到另一个网站，实现跳跃式的、非线性的获取和阅读信息。网络信息服务为用户提供了非常丰富的信息资源，拓宽了信息获取的渠道，实现信息资源最大范围的共享。但在超文本链接时，也容易造成侵权，因为链接的对象——网站、网页、作品也是知识产权保护的客体，将会直接影响到市场销售，侵犯了著作权人信息网络传播权。

（三）个性化信息挖掘中的知识产权风险

个性化服务是数字图书馆的发展方向，主要根据用户个人的问题、环境、心理、知识等特征来开展信息服务。个性化服务就是针对用户的特定需要主动地向用户提供经过集成的相对完整的信息集合或知识集合。工业时代的个性化服务是基于文献的信息支持服务。信息时代的个性化服务是基于知识的决策支持服务，是"用户需要什么，我就提供什么"的服务模式。服务的内容包括按照特定用户请求为用户提供定制的web页面、信息频道或信息栏目，实施查询代理服务。开展个性化的知识服务则需要通过手段挖掘蕴藏于大量显性信息当中的隐性知识。在开展个性化信息服务的过程中，面临着安全与隐私保护的问题。为了保护用户使用个性化信息服务的安全和隐私不受侵犯，数字图书馆必须采用技术措施加以保护，这些技术措施包括用户使用管理、资源授权管理、隐私保护管理、系统安全管理。

第三节　信息资源的组织和存储

一、文献信息的基本结构与描述

（一）文献的定义

朱熹："文，典籍也；献，贤也。"

——文献是指一切文化历史典籍和历代有识之士的所有著述。

信息是客观事物存在的方式或运动状态，以及关于客观存在方式或运动状态的陈述。知识是人们对客观事物存在和运动规律的认识。任何人类的知识用文字、图形、符号、声频、视频的手段记录下来的东西，统统可称为文献。文献也可称为固化在一定载体上的知识。

（二）文献的分类

1. 按文献载体的形式划分：刻写型，印刷型，缩微型，视听型，电子型。

2. 按文献的级别划分：（1）一次文献，又称原始文献，是以著者本人的研究工作或研究成果为依据撰写创作的论著、论文、技术说明等；（2）二次文献，是人们把大量的、分散的、无序的一次文献收集起来，按照一定的方法进行加工、整理，使之系统化便于查找而形成的文献；（3）三次文献，是选用大量有关的文献，经过综合、分析、研究而编写出来的文献。

（三）按文献的出版形式划分

1. 图书；2. 期刊；3. 会议文献；4. 学位论文；5. 研究报告；6. 专利文献；7. 政府出版物；8. 标准文献；9. 产品样本；10. 技术档案。

（四）文献资源的发展趋势及国内文献资源的分布

1. 世界文献资源的发展趋势。（1）文献资源数量急剧增长；（2）文献资源的文种繁多；（3）文献资源的载体形式趋向多样化；（4）文献资源的出版分散；（5）文献资源的内容交叉重复；（6）文献资源的有效使用寿命缩短。

2. 国内文献资源的分布。(1) 文献资源类型的分布：①图书和期刊；②专利、档案、标准文献；③会议文献、科技报告、政府出版物和产品目录等特种文献。(2) 文献资源收藏系统的分布：①公共图书馆系统；②高校图书馆系统；③科技文献信息系统。(3) 国内文献资源的地理分布。

二、信息的组织形式

信息组织是以各种信息媒体形式为对象进行的组织。就其处理的单元而言，它可以直接以信息资源的对象存在单元作为处理对象，一般称为文献单元。信息组织是为了信息检索需要对信息资源进行有序化组织的活动，它是与信息检索活动密切联系的。

传统文献或网络信息的组织方法大体都按照知识结构体系与主题词字顺排列方法来进行，即分类法和主题法。

分类法是按知识门类的逻辑关系，从总到分，从一般到具体，层层划分逐级展开的等级结构体系。它有较强的系统性。便于检索某学科、其专业或某一课题的文献信息。目前，国际上应用广泛的分类法主要有杜威十进分类法（DDC）、国际十进分类法（LDC）、美国国会图书馆分类法（LCC）和中国图书馆图书分类法（CLC）等。

主题法是直接用词语作为表达主题概念的标志，利用字顺排列和参照系统等方法来间接表达各种概念之间的相互关系，它的标志符号是主题词形式。它通过事物名称对文献信息进行标引和组织，按字顺排检，具有直观性和易用性。由于它不像分类法那样受到严格的等级限制，因此表达灵活，专指性强。国内图书情报机构使用最多的是《中国分类主题词表》。

超文本组织法是一种基于知识单元的新型信息组织方法，它借助超文本技术来实现，超文本技术将文本信息存储在无数个节点上，一个节点就是一个相对独立的"信息块"，节点之间用"链"连接，组成信息网络。它也可以链接声音、图像、影视等多媒体信息，它能在类目与类目之间进行超链接，也可以对主题词进行超链接，使用户所需的信息像蜘蛛网那样扩大。

因信息资源的不同或组成的检索工具不同，信息组织也产生了多种不同的组织方式。根据检索工具的对象和特点，信息组织可以分为以下四类。

1. 目录方式。以目录方式组织信息资源的方法，通常是以各种媒体的文献单元为对象，按照事先确定的概念体系、字顺体系对文献加以组织。

2. 索引方式。索引方式是以文献集合中包括的信息内容为对象的检索工具。索引方式为人们提供某内容、特征的查找线索，用揭示的内容深入文献所包含的信息单元。检索标志可以是论文的题目、名词术语、人名、地名，也可以是分子式、各种号码等。

3. 数据库方式。数据库方式是一种依托计算机技术，以机读形式建立的检索系统。数据库可分为文献型数据库和非文献型数据库两类。文献数据库中，目录数据库通常收入文献目录或索引数据。全文库则收入文献全文，人们可从多种检索途径入手查阅文献原文。非文献型数据库包括事实数据库、数值数据库、图像数据库等多种类型。

4. 网络搜索引擎。网络搜索引擎是一种专门供组织与检索网络信息资源使用的检索工具，也是数据库的一种特殊形式。网络搜索引擎涉及的资源类型多、动态性强、形式多样。它不仅可以处理各种类型的网站、个人主页等网上资源，而且还可以连接 BBS、聊天室及各种电子形式的数据库，通过超文本链接方式，访问各种形式的信息资源。

第四节　信息检索需求表达

一、检索算符

（一）逻辑算符

逻辑算符（logical operator），也称布尔算符（Boolean operator），用来表示两个检索词之间的逻辑关系，常用的有三种：逻辑与（and）、逻辑或（or）和逻辑非（not）。这里用 A 和 B 分别代表两个检索词，它们的逻辑关系如表 2-1 所示。如果一个检索式中包含若干逻辑关系，

 知识产权信息与创新发展

则其执行优先顺序为：not，and，or，最可靠的办法是将需先执行的部分放在括号内。

表2-1 三种逻辑关系表示方式

三种逻辑关系			
逻辑算符	and（与）	or（或）	not（非）
检索式	A and B	A or B	A not B
或者写成	A * B	A + B	A - B
命中	A和B都出现的记录	A和B有一个或两个都出现的记录	只出现A而不出现B的记录

（二）位置算符

位置算符（proximation operator），表示其连接的两个检索词之间的位置关系，常用的有（W）（nW）（N）（nN）（L）（S）（F）等。

1.（W）与（nW）算符。W是with的缩写。（W）表示其连接的两个检索词必须按序出现，中间不允许插词，只能有一空格或标点、符号。（nW）与（W）类似，只是它允许插词，插词量小于或等于n个。

2.（N）与（nN）算符。N是near的缩写。（N）表示其连接的两个检索词的顺序可以互易，但两词间不允许插词。（nN）中的n表示允许插词量少于或等于n个。

3.（S）算符。S是Subfield的缩写。（S）表示其连接的两个检索词必须出现在同一子字段中。子字段是指字段中的一部分，如一个句子，一个词组、短语。字段不限，词序不限。

4.（F）算符。F是Field的缩写。（F）表示其连接的两个检索词必须出现在同一字段中，字段不限，词序不限。

以上所有算符的书写用大小写均可。算符执行的优先顺序是按检索词之间的关系紧密程度确定的，越紧的关系越先执行。一般可将需要先执行的部分放在括号内。

5.不同算符的比较。两个词由不同的算符组成不同的检索式，其检索结果不同，就是说检索策略的变化将影响检索的结果。比如同样两个词用关系较紧的算符其检索结果中的记录一定比用关系较松的来得少。

除了"逻辑非"和"逻辑与"不能确定外，这些算符按关系的松紧排序，其检索结果、命中记录的数量也是有序的。

（三）截词符

截词符（truncation operator），也称统配符（wild card），用来对检索词（干）进行扩展。在 Dialog 系统中用？号表示。？号加在不完整的词或词干之后，或是插在一个词的中间来表示词后或词中可添加的随机字符。其作用是减少检索词的输入而保证相关检索概念的涵盖，同时也方便解决语言文字拼写方面的差异（如美式英语和英式英语），避免漏检。截词有非限定性截词、限定性截词和中间截词等。

1. 非限定性截词。是在一个词尾加一个？号，表示在其后可添加任意多个字符，这些字符都被作为检索词进行检索。

2. 限定性截词。是在一个词尾加有限个？号，n 个？号表示其后可添加的字符数少于等于 n 个。

3. 中间截词。是在一个词中间出现若干个？号，表示可插入若干个字符。

二、检索表达式构建

检索表达式也称检索式或检索提问式，是检索策略的具体表现，是用逻辑运算符将检索词组配而成，它将直接影响检索结果。

检索式是检索策略的具体表述，是通过逻辑算符、位置算符、截词算符等把表达主题要领的各检索单元组配连接起来的命令形式，它既能表达主题内容，又能被机器识别和执行，是决定检索策略质量和检索效果的重要因素。

检索提问式是指计算机信息检索中用来表达用户检索提问的逻辑表达式，由检索词和各种布尔逻辑算符、位置算符以及系统规定的其他组配连接符号组成。

检索表达式的制定要遵循以下几个步骤：（1）切分是对课题包含的词进行最小的分割；（2）删除是对过分宽泛或过分具体的词、无实际意义的连词、虚词应予以删除，如"的""及"；（3）替换是对表达不清晰或容易造成检索误差的词加以替换，如"绿色包装"中的绿色应替换成"环保"；（4）补充或增加是将课题筛选出的词进行同义词、近

 知识产权信息与创新发展

义词、相关词的扩充,这些词加入检索款目可以避免漏检;(5)组合是把检索词用逻辑符号连接组合成检索式。

第五节　信息检索技术

一、信息检索的技术基础

检索技术是应用于信息检索过程的原理、技术、方法、策略的总称,是检索系统为了提高检索效率,从概念相关性、位置相关性等方面对检索提问进行组配、加权、扩展、截词、邻近、限定的比较和运算处理技术。

二、基本信息检索的技术

（一）布尔检索

布尔检索（Boolean retrieval）是用布尔逻辑算符将检索词、短语或代码进行逻辑组配的一种技术,也是目前最常用的一种检索技术。

1. 逻辑与。具有概念交叉或概念限定关系的组配,用"＊"或"and"算符表示（少数工具用"＋"或空格表示）。

检索词 A 和检索词 B 用"与"组配,检索式为:A and B,或者 A＊B。

它表示检出同时含有 A、B 两个检索词的记录。

2. 逻辑或。是一种具有概念并列关系的组配,用"＋"或"or"算符表示（也有用"｜"或"/"表示）。

检索词 A 和检索词 B 用"或"组配,检索式为:A or B,或者 A＋B。

它表示检出所有含有 A 词或者 B 词的记录。

3. 逻辑非。是一种具有概念排除关系的组配,用"－"或"not"算符表示。

检索词 A 和检索词 B 用"非"组配,检索式为:A not B,或者 A－B。

它表示检出含有 A 词，但同时不含 B 词的记录。

（二）截词检索

截词检索（truncation retrieval）是指在检索词的适当位置截断，用截断的词的一个局部进行的检索。由于检索词与数据库所存储信息字符是部分一致性匹配，所以又称部分一致检索。

由于西文的构词特性如单复数形式不一致、英美拼写不一致以及词干+前缀，词干+后缀。检索时，计算机会将所有含有相同部分标识的记录全部检索出来。在西文检索系统中，使用截词符处理自由词，对提高查全率的效果非常显著。

截词符多采用通配符"？""$""*"等，因此，截词检索有时也称为通配符检索。

1. 后截断。如：economic*——无限截断。

2. 前截断。如：? lish——有限截断。

3. 中截断。如：wom? n——有限截断，sul*ur——无限截断，一般仅允许有限截断。

4. 前后截断。如：? computer? 可检出 computer、computers、computerize、computerized、minicomputer、minicomputers、microcomputer、microcomputers。

（三）邻近检索

邻近检索（proximity retrieval），又称为"位置检索""词位检索""全文检索"，是一种可以不依赖叙词表而直接使用自由词进行检索的技术，它以数据库原始记录中词语的相对次序或者位置关系为对象进行组配运算。

1. （W）与（nW）算符。（W）算符是"With"的缩写，表示此算符两侧的检索词必须按此前后邻接的顺序排列，顺序不可颠倒，而且检索词之间不允许有其他的词或字母，但允许有空格或连字符号。例如：输入 gas（W）condensate 可检索出包含 gas condensate 和 gas-condensate 的记录。

（nW）算符是"nWords"的缩写，表示此算符两侧的检索词之间允许插入 n 个实词或虚词，但两个检索词的次序不能颠倒。

2. (N)与(nN)算符。(N)算符是"Near"的缩写,表示此算符两侧的检索词彼此必须相邻接,但两个检索词的前后关系可以颠倒,即查找两个连在一起的单词,但两词之间不能插入任何词。

(nN)算符是"nNear"的缩写,表示此算符两边的检索词之间插入词的最多数目是 n 个,且两个检索词的次序可以任意颠倒。

3. (S)算符。(S)算符是"Sub-field/Sentence"的缩写,表示在此运算符两侧的检索词只要出现在记录的同一个子字段内(例如在文摘中的一个句子就是一个子字段),此信息即被命中。要求被连接的检索词必须同时出现在记录的同一句子(同一子字段)中,不限制它们在此子字段中的相对次序,中间插入词的数量也不限。

4. (F)算符。(F)算符是"Field"的缩写,表示在此运算符两侧的检索词必须同时出现在文献记录的统一字段内,如出现在篇名字段、文摘字段、叙词字段、自由词字段,但两个词的前后顺序不限,夹在两个词之间的词的个数也不限。要求被连接的检索词出现在统一的字段中,字段类型和词序均不限。

(四)字段限定检索

使用邻近检索,只能限制检索词之间的相对位置,不能完全确定检索词在数据库记录中出现的字段位置,特别在使用自由词进行全文检索时,需要用字段限制查找的范围。使用截词检索,简化了布尔检索中的"逻辑或"功能,但并没有改善布尔检索的性质。

字段限定检索(field limiting retrieval)是用于限定提问关键词在数据库记录中出现的区域,控制检索结果的相关性,是提高检索效果的一种有效检索方法。

这个检索式所表达的检索要求是:查找 2008 年出版的关于微电脑或者个人电脑的英文文献,并要求"微电脑"一词在命中文献的叙词字段、标题字段出现,"个人电脑"一词在命中文献的自由词字段出现。

在互联网搜索引擎中,限定字段也是常用的语法。例如,"filetype:"表示在某种文件类型(如 doc、pdf)中查找资料。

三、智能信息检索的技术

面对海量信息，智能信息检索技术一直是科研人员研究的重要课题。但是传统的信息检索面临种种难以逾越的障碍。

智能检索把现代人工智能的技术与方法引入信息检索系统，使后者具有一定程度的智能特征，在更高的层次上完成其功能。智能化信息检索的目的是使信息检索系统"理解"文件包含的信息内容和用户的信息需要。它在对内容的分析理解、内容表达、知识学习、推理机制、决策等基础上实现检索的智能化。其体地说，智能信息检索具有以下特点：（1）智能检索系统建立在大规模的知识库基础之上，能够处理自然语言文本，它利用知识库的有关知识进行语法、语义分析，从内容上真正理解并准确描述文献所论述的主题。（2）智能信息检索可以在知识库中使用语义网络、框架等各种知识表示方法来充分体现各主题概念和标识之间的分、属、交叉的复杂关系。（3）智能检索系统能理解、分析用户的自然语言提问，在检索过程中，用户和计算机之间可以不断地进行自由、充分、多方面的反馈交流，具有较高的人机交互水平。（4）智能检索系统中的检索结果是用户可以直接加以利用的信息，而且系统可以将部分文献内容以知识形态存放于目标知识库中，通过对知识库的搜索和推理，得出用户能够直接加以利用的信息。（5）智能检索系统的智能特性还体现在提问模型的形成过程中，即用户对问题的描述，借助知识库里的有关知识，推断出他的真正需求，产生合适的提问模型。

第六节　信息检索方法和程序

一、信息检索方法

查找（Searching）就是实施检索策略、搜寻所得文献信息的过程。以下几种方法，无论是计算机还是手工检索，都是常用的方法。

（一）"拉网法"

在不了解查询某一专题信息的 URL 地址时，可从提供信息总目的 Web 页面开始浏览，沿着专题链接层层查找，直至找到有关的内容为止。然后用"书签"保存这个页面的 URL，转向另一个分支。这种方法可以迅速获得较多的相关地址，然后进行筛选。就使用引擎而言，国外专家也建议先用链接页面多、响应时间快的引擎。

（二）引文法（跟踪法）

文献之间的引证和被引证关系揭示了文献之间存在的某种内在联系，引文法（也称为跟踪法）就是利用文献后所附的参考文献、相关书目、推荐文章和引文注释查找相关文献的方法。这些材料指明了与用户需求最密切的文献线索，往往包含了相似的观点、思路、方法，具有启发意义。

引文法又可分为两种，一种是由远及近地搜寻，即找到一篇有价值的论文后进一步查找该论文被哪些其他文献引用过，以便了解后人对该论文的评论、是否有人对此做过进一步研究、实践结果如何、最新的进展怎样，等等。由远及近地追寻，越查资料越新，研究也就越深入，但这种查法主要依靠专门的引文索引，如《科学引文索引》《社会科学引文索引》。

另一种较为普遍的查法是由近及远地追溯，这样由一变十，由十变百地获取更多相关文献，直到满足要求为止。这种方法适合于历史研究或对背景资料的查询，其缺点是越查材料越旧，追溯得到的文献与现在的研究专题越来越疏远。因此，最好是选择综述、评论和质量较高的专著作为起点，它们所附的参考文献筛选严格，有时还附有评论。

（三）常规法

所谓常规法就是利用常规检索工具查找有关文献的方法，是信息时代应掌握的最基本的信息查找方法。现在对文献的书目控制手段已日趋完善，各种印刷版、缩微版、光盘版和网络版的检索工具层出不穷，有很大的挑选余地。用户应根据自己的检索知识和条件选用一种或几种检索工具。常规法可分为顺查法、逆查法和抽查法。

（四）排除、限定和合取法

这实际上是将信息加工的方法融入检索中去。思维中使用排除这一概念，是指对查找对象的产生和存在的状态在时间和空间上加以外在否定。把这一方法移植到检索中，就是在时间或空间上极大地收缩检索范围。限定法是相对于排除法而言的，指对查找对象在时间和空间上加以内在的肯定。排除的结果必然是限定，反之亦然。

二、信息检索程序

（一）分析研究课题

例如：查找有关消防的文献。是所有的"消防"文献，还是只需有关"消防事业""消防队伍""消防设施""消防材料""消防器材""消防方案"等某一方面的文献？是需要一般的文献资料，还是比较专深的文献？是需要科技论文，还是专利、标准、数据等？是需要新颖的信息，或者是与别人的研究进行先进性比较，还是系统的学科知识？需要系统地掌握某学科的知识，可以选择图书；需要撰写研究项目的开题报告、论文，开展技术攻关，可以选择研究报告、科技论文、学位论文、会议文献等；需要进行发明创造、工艺改革、新产品设计、引进设备、签订合同，可以选择专利说明书、标准文献、产品资料等。

（二）制定检索策略

1. 切分。切分是对课题的语句以自由词为单位进行拆分，转换为检索的最小单元。自由词切分仅适用于自然语言检索。

例：检索"妇女吸烟与肺癌的关系研究"相关文献。

直接切分：妇女｜吸烟｜与｜肺癌｜的｜关系｜研究。注意，当词切分后将失去原来的意思时，不应再切分，即必须注意保持意义的完整。如"中国科学院""电子邮件"不可再切分。

2. 删除。删除是对自然语言中不具有实质性检索意义的虚词（如介词、连词、副词等），或者使用频率较低的词，或者专指性太高、过分宽泛的词，或者过分具体的限定词、禁用词，或者不能表达课题实质的高频词，或者存在蕴含关系可以合并的词，一律予以删除，使自然语言转换成为关键词和主题词的集合。如上例中的"与""的""关系"

"研究"。

例：检索"中国非常规天然气工业的发展前景研究"方面的相关文献。进行拆分以后，工业、发展、前景、研究这四个自由词具有一定的检索意义，但是由于意义过于宽泛，或者是不能表达课题实质，或者是存在蕴含关系的原因，没有必要全部作为检索词，根据需要可以保留1~2个作为检索词。

3. 替补。替补就是在进行切分、删除后，对检索词进行替换和补充。

例："公交"应替换为公共交通；"绿色包装"中的"绿色"应替换为环保、无污染、可降解；"煤气中毒"应替换为一氧化碳中毒。

4. 组合。相交组合这个新概念是原来用以组合的两个概念的下位概念，如曲柄连杆机构 * 发动机 = 汽车发动机。限定组合这个新概念可用来表示这一事物的某一属性或某一个方面，如电视机 * 数字化 = 数字电视机。以上两种组配方式所得到的新概念，都是原组合概念的下位概念，缩小了检索范围，提高了概念的专指度，达到提高检准率的目的。概念并列组合是指具有概念并列关系的自由词间的组配，其结果使概念检索的范围扩大，如环境污染 + 环境保护 = 环境污染和环境保护。概念删除组合是指两个具有上下位关系的自由词间的组合，其结果使概念检索的范围缩小，如信息处理 - 模拟信息处理 = 数字信息处理。

5. 增加。增加"限义词"有两种方法：直接增加限义词、挖掘隐含词、提取潜在的检索词；把限义词以逻辑的方式加入，可采用逻辑与或逻辑非的方法增加限义词。

分析隐含概念。挖掘潜在的主题词还可以通过对上位词、下位词、同类词关系的分析得到其他相关主题词。如上例"妇女吸烟与肺癌的关系研究"，切分、删除后得吸烟、肺癌两个检索词，分析、补充上位词可增加检索词：烟、癌症、恶性肿瘤。

例：检索"一种新的天线阵方向图综合方法"课题。

切分：一种 | 新 | 的 | 天线阵 | 方向图 | 综合 | 方法；删除后得：天线阵、方向图；根据主题词表分析，增加上位词可得主题词：互耦、偶极子、输入阻抗等。

从上述四个实例可以看出，提取检索词首先是切分、删除，其次是进行替补、组合和增加。在提取检索词时，若所选的数据库具有规范化词表时，应优先选用该数据库词表中与检索课题相关的规范化主题词（检索词）。

（三）获取检索结果

输出结果为一般文摘或全文。

三、信息检索效果评价

对任何对象或事物进行评价都需要有一套合理、有效的评价标准，标准中涉及的各项指标也必须定义明确，具有较强的可操作性，并且最好能够量化或计量。在各类不同的检索评价活动中，信息检索效果评价问题最为研究人员所关注。

检索效果评价指标用查全率和查准率两个指标进行衡量。

查全率（Recall ratio）及查准率（Pertinency ratio）是评价检索系统的两项重要指标，由美国学者佩里（J. W. Perry）在20世纪50年代首次提出。早期的信息检索查全率是这样定义的：当进行检索时，检索系统把文献分成两部分，一部分是与检索策略相匹配的文献，并被检索出来，用户根据自己的判断将其分成相关的文献（命中）和不相关的文献（噪声）；另一部分是未能与检索策略相匹配的文献，根据判断也可将其分成相关文献（遗漏）和不相关文献（正确地拒绝）。一般情况下，检索出来的文献数量相对整个系统的规模来说，是很小的，而未被检出的文献的数量则非常大。此时，查全率为：

$$查全率 R = \frac{检出的相关文献量}{检索系统中相关文献总量} \times 100\%$$

查全率是指从检索系统检出的与某课题相关的文献信息数量与检索系统中实际与该课题相关的文献信息总量之比。对于数据库检索系统，查全率为检索出的款目数与数据库中满足用户检索式需求的款目数之比；而对于互联网信息检索来说，文献总量是很难计算的，甚至连估算都困难。因为互联网上的信息是瞬息万变的，今天存在的信息，明天就可能找不到了，同时又会出现更多新的信息。要按传统的方式计算查全率，就要检验检索工具反馈的所有检索结果，而检索结果的数量有时又是极大的。为此，相对查全率是一种可以实际操作的指标，但从其定义可以看出，人为因素的影响较大。

$$（相对）查全率 R = \frac{专业人员检出文献的数量}{全部实际检出文献集合并集中文献的数量} \times 100\%$$

要提高查全率，往往要放宽检索范围，但放宽检索范围又会导致查准率下降。为此需要提高标引质量和主题词表的质量，优化检索式，准确判断文献的相关性和相关程度。具体来说就是规范检索语言，选取适当的检索方法，选择合理有效的检索策略，加强标引工作。

参考查全率的定义，查准率可定义如下：当进行检索时，检索系统把文献分成两部分，一部分是与检索策略相匹配的文献，并被检索出来，用户根据自己的判断将其分成相关的文献（命中）和不相关的文献（噪声）。

$$查准率 P = \frac{检出的相关文献量}{检出的文献总量} \times 100\%$$

查准率是从检索系统检出的有关某课题的文献信息数量与检出的文献信息总量之比。在理想的情况下，系统检索出用户认为相关的全部文献，用户相关性估计和系统相关性判断是重合的，则查全率为100%，查准率也是100%。实际上，这样的结果是很难得到的。一般情况下，查全率的计算比较困难，因为检索系统中的相关文献总数是很难估算的。同样，对于互联网信息检索来说，真实查准率也是很难计算的。因为，对于命中结果数量太大的检索课题来说，相关性判断的工作量极大，很难操作。为此可以定义一个相对查准率，如下：

$$（相对）查准率 P = \frac{检索者确定为相关的文献量}{检索者在检索过程中看过的文献量} \times 100\%$$

这个公式与传统的定义有很大差别，受人为因素影响太大，缺乏可重复性和客观性。另一个比较成功的计算查准率的替代方法是由两位美国研究人员 Leighton 和 Srivastava 提出的"相关性范畴"概念和"前 X 命中记录查准率"。相关性范畴是按照检索结果同检索课题的相关程度，把检索结果分别归入 4 个范畴：范畴 0，重复链接、死链接和不相关链接；范畴 1，技术上相关的链接；范畴 2，潜在有用的链接；范畴 3，十分有用的链接。

一旦相关性判断进行完毕，接下来就是要对检索工具的检索性能进行评价。Leighton 和 Srivastava 提出"前 X 命中记录查准率"P（X），用来反映检索工具在前 X 个检索结果中向用户提供相关信息的能力。前 X 命中记录查准率可操作性较好，评价者可以根据实际情况来选择 X 的具体数值。一般来说，X 越大，P（X）就越接近真实查准率，但这也意味着评价成本的增加。评价结果的精度与成本有一种相互制约的关系。当然，在条件允许的情况下，X 应该尽可能大。

比较合理的情况是把 X 值定为 20，因为一般的检索工具会以 10 为单位输出检索结果，前 20 个检索结果就是检索结果的前两页。而检索用户对前两页的检索结果一般都会认真浏览。这样，要计算的查准率就是 P（20）。在实际计算 P（20）时，要对处在不同位置的检索结果进行加权处理。因为检索工具大多有某种排序算法，排在前面的检索结果在理论上应有较大的相关系数，并且检索者通常都从头开始检验检索结果。因此，排在前面的检索结果被赋予高权值。

在多数情况下，查全率与查准率之间存在着相反的相互依赖关系。就是说，如果提高检索的查准率，那么就会降低其查全率，反之亦然。但这也不是绝对的，有学者认为，随着检索语言的发展和计算机处理文献能力的提高，以及检索系统检索功能的开发，查全率与查准率是可以同时提高的；还有学者认为，查全率与查准率不存在一个统一的最佳值，也没有量化的意义，他们认为查全率与查准率在很大程度上取决于用户，不同用户的需要，得到的结果也不同。可以看到，随着检索系统的不断发展，查全率与查准率指标本身也会不断完善，对检索系统效果的评价将越来越符合实际。

第三章

文献信息资源的管理及利用

第一节 文献信息资源概述

一、文献概述

新版《辞海》中对文献的定义是：记录有知识的一切物质载体。如通过文字、图像、符号、声频、视频等手段记录人类知识的纸张、胶片、磁带、磁盘、光盘等，统称为文献。由《辞海》对文献的定义可以归纳出文件构成的要素为：(1) 要有实际记录的内容，信息或知识；(2) 要以实际物质作为载体，如甲骨、竹简、绢帛、纸张、磁盘、光盘等；(3) 记录要有当时历史统一认知的符号，如文字、图表、声音、图像等；(4) 记录手段与历史背景相对应，如刀刻、书写、印刷、录音、录像等。

文献信息资源的特征主要是从信息资源的特征派生出来的。由于文献信息资源是信息资源的特殊形式，因此与后者相比，文献信息资源具有自身的具体特征。对文献的特征，不同的学者从不同的视角进行了总结，笔者进行了归纳总结，主要有：(1) 保存性，可长期保存在介质上；(2) 流传性，可以被重复使用，可以跨时空流传、阅读；(3) 集成性，可被整理加工，按照一定的用途内容方式加以汇编、集成；(4) 发展性，随着社会的进步，在形式、内容及数量上不断发展。

以上是文献信息资源所承载的自身特征，或者称为内涵特征。而文献信息资源对于管理者和利用者而言，还有一个特点，也就是其外延特征即分布极其广泛，具体体现在：(1) 分布于个人手中；(2) 分布于科研、设计部门；（3）分布于大学；（4）分布于公司、企业；（5）分布于政府部门和各类社会组织；（6）分布于出版社；（7）分布于文献信息部门；（8）分部于网络之中。

文件信息资源有宏观与微观之分，宏观的文献信息资源是由微观的"文献信息"构成的集合。从微观的角度讲，作为文献信息资源集合元素的"文献信息"具有如下主要特点：（1）静态性。是一种独立于人体之外的静态性的信息。（2）主观性和客观性。可被视为客观的物质现象，但从内容上却具有主观性质的人类精神信息。（3）模糊性。文献信息是经人类加工后形成的信息，与其所表征或描述的对象的信息状态存在着一定的差异和不确定性。（4）可反复利用性。不是转瞬即逝的信息，由于其载体具有长期保存的特点而可以被反复利用。（5）商品性。伴随着文献的商品化和其利用价值而成为商品。（6）时效性。文献信息的内在价值及利用价值随着时间的推移而发生变化。

除上述特点外，文献信息还具有重复性、可转换性、可伸缩性等特点。

二、科技文献类型划分

科技文献是知识产权信息的重要载体，对科技文献进行分类，有利于信息的快速查找与准确定位，对节省信息检索时间具有重要的作用，对科技创新具有重要的意义。学者对科技文献基于不同的视角进行了分类，代表性的有如下分类：

1. 按科技文献的载体形式划分。根据科技文献对科技信息的不同记录形式及记录手段，以及记载科技信息的不同形态和存储介质（载体），科技文献可以划分为印刷型、缩微型、音像型、机读型等类型。

2. 按文献加工处理的深度划分。文献按被加工处理的深度，可分为零次文献、一次文献、二次文献、三次文献4个级别。

3. 按文献内容和应用领域划分。若按内容和应用领域划分，文献可分为：（1）哲学宗教类文献；（2）政治类文献；（3）军事类文献；（4）经济类文献；（5）文化教育类文献；（6）医药卫生类文献；（7）农业科学类文献；（8）生命科学类文献；（9）基础科学类文献；（10）工程技术类文献。

4. 按文献编辑出版形式的不同特点划分。若按文献编辑出版形式的不同特点划分，则可分为多种。我国颁布的国家标准《文献类型与文献载体代码》（GB 3469—1983）根据文献编辑出版形式及实用标准，将文献分成了 26 个类型。

在科技文献资源体系中，人们按文献的出版形式比较通行地把科技图书、科技期刊、会议文献、学位论文、专利文献、科技报告、政府出版物、科技档案、标准文献、产品样本称为"十大科技文献"，这 10 种科技文献是人们在科学技术活动中最为常见和常用的文献类型。

科技图书的范围较广，如专著、文集、教科书、科普读物、百科全书、年鉴、手册、辞典、图册、指南等，均属其范畴。

《科学技术期刊管理办法》中将科技期刊按其内容性质划分为如下 4 类。（1）指导类期刊。以刊登党和国家的科技方针、政策和法律、法规，以及科学技术发展动态和科技管理为主要内容的期刊。（2）学术类期刊。以刊登科学技术研究报告、学术论文、综合评述为主要内容的期刊。（3）技术类期刊。以刊登新技术、新工艺、新设计、新材料、新设备为主要内容的信息期刊。（4）检索类期刊。以刊登对原始科技文献经加工、浓缩，按一定的著录规则编辑而成的题录、文摘、索引为主要内容的期刊。如果按期刊的性质分，科技期刊可分为学报类、通报类、技术类、情报类、检索类、科普类、公报类等类型。不同类型的科技期刊具有不同的办刊宗旨和编辑方针，其读者对象也不相同。如按期刊的出版周期划分，可分为年刊、半年刊、季刊、双月刊、月刊、半月刊、旬刊、周刊等。

科技报告是在科研活动的各个阶段，由科技人员按照有关规定和格式撰写的，以积累、传播和交流为目的，能完整而真实地反映其所从事科研活动的技术内容和经验的特种文献。它具有内容广泛、翔实、具体、完整，技术含量高，实用意义大，便于交流，时效性好等其他文献类型所无法相比的特点和优势。做好科技报告工作可以提高科研起点，大量减少科研工作的重复劳动，节省科研投入，加速科学技术转化为生产力。按科技报告反映的研究阶段，大致可分为两大类：一类是研究过程中的报告，如：现状报告、预备报告、中间报告、进展报告、非正式报告；另一类是研究工作结束时的报告，如：总结报告、终结报告、试验结果报告、竣工报告、正式报告、公开报告等。按报告的文献形式可分为：(1) 报告书，是一种比较正式的文件；(2) 札记，研究中的临时记录或小结；(3) 论文，准备在学术会议上或期刊上发表的报告；(4) 备忘录，供同一专业或同一机构中的少数人沟通信息用的资料；(5) 通报，对外公布的、内容较为成熟的摘要性文件；(6) 技术译文。按报告的使用范围可划分为：绝密报告、机密报告、秘密报告、非密限制发行报告、非密报告、解密报告等。

专利文献属于科学技术信息，泛指由一切专利活动所产生的相关文献的总和。广义的专利文献一般包括专利公报、专利申请文件、专利说明书、专利索引、专利分类表、专利文摘、专利转让许可等。狭义的专利文献主要是指专利说明书。专利文献是综合性信息资源，它包含法律、技术和经济信息。专利信息以公报的形式向公众通报，申请人在获取专利权时要求充分公开其发明创造，以专利说明书的形式向社会公布发明创造的技术内容和权利要求。专利说明书是专利文献的主体，它是各国工业产权局、专利局及国际（地区）性专利组织（以下简称"各工业产权局"）出版的各种类型专利说明书的统称，是关于技术发明创造的详细内容及专利权项法律状况的技术文件和法律文件。通常人们所谈的专利文献，指的是专利说明书，而且在一般情况下将专利说明书简称为"专利"。

标准按性质可划分为技术标准和管理标准。技术标准按内容又可分为基础标准、产品标准、方法标准、安全和环境保护标准等。管理标准按内容分为技术管理标准、生产组织标准、经济管理标准、行政管理标准、管理业务标准、工作标准等。标准按适用范围可划分为国际标准、区域性标准、国家标准、专业（部）标准和企业标准，按成熟程度可划分为法定标准、推荐标准、试行标准和标准草案等。标准文献是指由技术标准、管理标准、经济标准及其他具有标准性质的类似文件所组成的一种特种文献。狭义指按规定程序制订，经公认权威机构（主管机关）批准的一整套在特定范围（领域）内必须执行的规格、规则、技术要求等规范性文献，简称标准。广义指与标准化工作有关的一切文献，包括标准形成过程中的各种档案、宣传推广标准的手册及其他出版物、揭示报道标准文献信息的目录、索引等。

各国学术界对会议文献非常重视。全国性会议宣读的论文和知名学者专家的发言，多是有关高级研究工作的专述，或综合性地评述本学科的进展和展望。国际性会议文献，更能在不同程度上反映某一课题的国际水平。利用学科专业会议文献可以摸清哪些是新理论和先进技术，哪些是尚待解决的问题。根据历届专业会议文献，可以溯本求源地了解某地区或某个流派的学术思想和特点，了解它的过去、现状以及发展趋势，了解取得成果所采取的技术措施，同时还可以跟踪或预测尚待解决的问题中的哪些问题在近期可能有所突破。在综合性会议文献中可以看到某种技术在不同学科领域中的发展和应用，或者是在同学科领域中围绕某一课题的各种技术协同应用的现状与发展，这些都是开展科研工作必须取得的综合性情报内容。总之，科技会议文献是科技文献信息的重要组成部分，如何收藏各专业会议资料，开发利用这部分科技信息，已成为科技人员学术活动中不可忽视的内容。

学位论文的价值主要体现在其论文内容所蕴含的学术价值及论文引文所反映的情报价值。学位论文是学位申请者在研究导师指导下所进行的科学研究的总结。选题上一般都是本学科需要解决的比较重要的、具有前沿性理论或应用方面的课题，代表了本专业的发展方向。涉及的内容丰富，主题广泛，不乏新颖的学术思想和独到的见解，有一定的深度和广度，还必须经该领域内权威学者、专家评审、答辩后方可通过，因而具有较高的学术价值。同时，学位论文内常附有较多的数据、图表和参考文献，参考文献丰富齐全是学位论文不同于其他类型文献的特色之一。一般来讲，由于科学上客观存在的边缘性与继承性，科学论文的撰著者通常要参考早期的发行物，从中摘引一些已知事实并在论文结尾列出所引用文献的来源和出处，以备读者探讨和查找。因此，引文是一篇完整的科学论文的重要组成部分，一篇论文的真正水平的体现反映在作者的所有文献上。

科技档案是科学技术档案的简称，是在自然科学研究、生产技术、基本建设等活动中形成的应当归档保存的图纸、图表、文字材料、计算材料、证书、声像资料等科技文件材料。科技档案具有知识储备和依据凭证、情报、促进生产力发展和提高经济效益等功能。科学技术档案工作条例对科技档案的定义是："科技档案是指在自然科学研究、生产技术、基本建设等活动中形成的应当归档保存的图纸、图表、文字材料、计算材料、照片、影片、录像、录音带等科技文件材料。"

政府出版物是指由政府机关负责编辑印制，并通过各种渠道发送或出售的文字、图片以及磁带、软件等。各国政府及其所属机构出版的具有官方性质的文献，又称官方出版物。各国对政府出版物尚无一致定义。大致可分为两类：一类是行政性文件，另一类是科技性文献。政府出版物数量巨大，内容广泛，出版迅速，资料可靠，是重要的信息源。政府出版物在出版前后往往用其他形式发表，内容有时与其他类型的文献（如科技报告）有所重复。有专门用来检索政府出版物的工具书。

第二节 信息检索中的网络科技文献

一、网络科技文献概述

由科技文献类型划分的概述可知，若按记录和存储信息的载体划分，科技文献可分为印刷型、缩微型、音像型、机读型等类型。显然，网络科技文献是机读型文献。网络科技文献应该是依附于计算机存储设备中，在一定时间内可固定访问的科技信息单元。网络科技文献不是指一切网络科技信息，在网络上以 Telnet 协议传递的人机互访信息，如聊天、私人发布的新闻帖等，以及以 FTP、E-mail 协议传输的私人文件等都不属于网络文献。网络文献是指其中能满足人们科技信息需要、改变人们知识结构的科技文献信息，主要包括网络科技图书、网络科技期刊、各种类型的网络科技数据库、网络科技会议文献、网络科技论文、数字化的标准信息、数字图书馆等。因此，我们可以将网络科技文献定义为：以数字化方式储存在光、磁等载体上，利用计算机技术、通信技术以及多媒体技术在网络上发布、传递，以节点为中心分布，并能在网络终端再现的科技文献信息单元或科技文献信息集合。它包括网络科技报刊、网络科技图书等信息集合，也包括以 HTTP 协议传递的网页和可以通过专门的通信线路访问的科技数据库等。

网络科技文献的内容丰富多样、主次分明，质量良莠并存、差异很

 知识产权信息与创新发展

大，具有分布广、不均匀的分布特点和传播方式多样、交互性强的传播特点。

二、网络科技文献的类型

与传统科技文献类似，网络科技文献若按照不同的分类标准可以划分为不同的类别，人们可以根据各自不同的需求及偏好，在不同的划分方式基础上对网络科技文献进行分门别类的管理和利用。例如，若根据载体的不同，可将网络科技文献划分为磁载体网络科技文献、光载体网络科技文献、硅片载体网络科技文献等；若按信息服务方式的不同，网络科技文献可划分为联机型网络科技文献和单机型网络科技文献；若根据媒体类型的不同，网络科技文献可划分为纯文本型网络科技文献、图像型网络科技文献、多媒体网络科技文献等；若按照传统的出版物类型划分，网络科技文献可划分为网络科技专著、网络科技期刊、网络科技数据库等。

第三节 文献信息综合利用

一、文献信息研究：内涵、方法、功能与任务

（一）内涵

文献信息研究主要指收集、鉴别、整理文献，并通过对文献的研究形成对事实的科学认识的方法。是一种古老而又富有生命力的科学研究方法，现在的文献已经扩展为各种形式的公开发表和在线张贴的文献信息，包括印刷体和网络化的文献信息。

（二）研究方法

在科学研究中，对发展现状的研究不可能全部通过观察与调查，它还需要对与现状有关的各种文献中的信息做出分析。文献信息研究方法属于非接触性研究方法，没有继承和借鉴，科学不能得到迅速的发展，决定了人们在研究先前的历史事实时需要借助文献的记载，在

发展科学领域时需要继承文献中的优秀成果。现代科学研究不仅需要以人与人之间的协作为条件，同样需要以利用前人的研究劳动成果作为条件。

文献信息研究方法是一种信息深度加工，即研究性信息加工，是以原始信息（零次、一次文献等）和初加工过的信息（二次文献等）作为加工原料，在对信息进行深入全面的研究的基础上，或抽取其数据库、观点、论据、结论等，进行提炼、论证、分析、综合，最后提出加工者的观点和建议；或客观评价信息的价值和特点，生成研究报告、综述、述评、判据性报告等。信息研究是为信息用户定做的，是一种为社会进行的信息咨询服务。

（三）功能

信息研究的主要功能包括整序、鉴别、抽提、升华、预测和反馈。整序功能，也就是使用信息，主要研究对信息的汇总、排序、归纳和分类，将分散、凌乱的信息有序化。整序后的信息能够更贴近课题研究的需要。鉴别功能，也就是通过信息研究对信息去伪存真、鉴别更符合用户需求的信息并提供给用户。抽提功能，就是通过对信息浓缩、提炼、解析进行分离。升华功能，就是对信息进行重组、优选、综合与创新，将原始信息充分消化吸收后提炼精华，完成再创造的全过程。它是信息研究的核心功能。预测功能，就是通过对过去和现在发生的事物所形成的发展规律，进行趋势外推，结合各种预测方法比较准确地预测未来，能够充分发挥对信息的梳理、咨询、分析和统计作用。反馈功能，就是对信息进行跟踪、追索、评估和修正，及时地反馈信息，以便用户及时了解变化并调整自己的研究内容。

（四）任务

信息研究的任务主要有以下方面：为制订国民经济长期发展计划和科技发展规划服务，为重大建设项目的论证评估服务，在科技活动中进行全程信息服务，为军事建设和管理服务，在科学化管理中发挥参谋和助手的作用，为制订经济政策和科技政策当好参谋，为行业布局和企业发展出谋献策，为商品流通、国内外贸易提供服务，在环境保护和社会可持续发展方面起到监测与预警作用。

二、文献信息研究方法的选择

(一) 文献信息的收集和整理

收集的方式有社会调查、建立情报网、战略性情报的开发和从文献中获取信息。其中社会调查是获得真实可靠信息的重要手段。社会调查是指运用观察、询问等方法直接从社会中了解情况，收集资料和数据的活动。利用社会调查收集到的信息是第一手资料，因而比较接近社会，接近生活，容易做到真实、可靠。管理活动要求信息准确、全面、及时。为了达到这样的要求，靠单一渠道收集信息是远远不够的，特别是行政管理和政府决策更是如此。因此必须靠多种途径收集信息，即建立信息收集的情报网。严格来讲，情报网络是指负责信息收集、筛选、加工、传递和反馈的整个工作体系，而不仅仅指收集本身。

战略性情报是专为高层决策者开发，仅供高层决策者使用的比一般行政信息更具战略性的信息。

文献是前人留下的宝贵财富，是知识的集合体，在数量庞大、高度分散的文献中找到所需要的有价值的信息是情报检索所研究的内容。

为了保证信息收集的质量，应坚持以下原则：（1）准确性原则，该原则要求所收集到的信息要真实可靠。当然，这个原则是信息收集工作的最基本的要求。为达到这样的要求，信息收集者就必须对收集到的信息反复核实，不断检验，力求把误差减少到最低限度。（2）全面性原则，该原则要求所搜集到的信息要广泛，全面完整。只有广泛、全面地搜集信息，才能完整地反映管理活动和决策对象发展的全貌，为决策的科学性提供保障。当然，实际所收集到的信息不可能做到绝对的全面完整，因此，如何在不完整、不完备的信息下做出科学的决策就是一个非常值得探讨的问题。（3）时效性原则，信息的利用价值取决于该信息是否能及时地提供，即它的时效性。信息只有及时、迅速地提供给它的使用者才能有效地发挥作用。特别是决策对信息的要求是"事前"的消息和情报，而不是"马后炮"。所以，只有信息是"事前"的，对决策才是有效的。

信息收集的过程一般包括以下步骤：（1）制订收集计划。只有制订出周密、切实可行的信息收集计划，才能指导整个信息收集工作正常地开展。(2) 设计收集提纲和表格。为了便于以后的加工、存储和传递，在进行信息收集以前，就要按照信息收集的目的和要求设计出合理的收集提纲和表格。(3) 明确信息收集的方式和方法。(4) 提供信息收集的成果。要以调查报告、资料摘编、数据图表等形式把获得的信息整理出来，并将这些信息资料与收集计划进行对比分析，如不符合要求，还要进行补充收集。

(二) 文献信息的选择方法

鉴别文献真伪的方式分为"外审"和"内审"两类。外审的4种方法是辨别版本真伪，分析该书的语言风格，分析文献的体例，分析文献中的基本观点、思想。外审还可以通过对文献物质载体的物理性质的技术测定来判断文献形成的年代。内审的4种方法包括文字性文献的互证，以真品实物来验证文字性文献，产生文献的历史背景，研究作者的生平、立场与基本思想。无论是外审还是内审，都是通过比较的方式来实现鉴别，目标都是去伪存真，以提高收集到的文献的质量。

文献检索是获取知识的重要方法，它能从海量的知识海洋中快速查找自己需要的文献资料。首先要明确自己的检索目的，包括学科主题领域、年代范围、国家地区，根据各个数据库的特点、收录范围、使用方法来选择数据库，利用书目数据库或者图书数据库直接查找图书，从文摘数据库中获取文摘信息或者直接使用全文数据库获取论文全文，学会使用检索工具书与参考工具书。总结归纳具体步骤如下：(1) 分析课题的科学技术领域、关键词或主题词。主要是明确课题的基本概念、关键术语，判断课题与相关学科关系的密切程度。(2) 把握课题的发展历史和现状、文献分布状态、国家和主要文献语种。(3) 分析和选择数据库、信息源。(4) 检索文献信息和具体操作。(5) 文献分析和数据差别。

三、文献信息的利用：阅读、综述

阅读文献的来源包括：(1) 文献数据库和专业数据库，也就是书中介绍的不同种类的数据库，要求科研人员对综合性文献数据库和专业数据库进行深入研究。重要的文摘数据库有 ISI 的 Web of Science 上的三大引文索引数据库和科技会议录索引（ISTP）、工程索引（EI）、科

 知识产权信息与创新发展

学文摘（INSPEC）等，全文数据库有 Spring Link、Science Diect 等。科研人员可以根据个人专业需求选择所需的数据库添加到自己的收藏夹。(2) 专利数据库。这是许多应用基础研究人员的经验之谈，通过研读专利正文，可以体会申请人的研发思路，研读专利权要求，可以少走弯路，还可以找出未覆盖的漏洞，进一步提出自己的专利；有的专利还有参考文献，可以了解这个专利的来龙去脉，专利数据库主要是 Derwent Inmovation Index，查找中文专利需使用国家知识产权局和中国专利信息检索系统。(3) 及时掌握相关研究领域的研究动向。要及时了解与自己研究方向有关的机构和专家的研究动向，密切关注在该研究领域和方向的顶尖团队所发表的论文并认真研读。对于本研究领域的国际领袖人物和实验室，应该多花时间去研究他们的主页，可以在数据库平台上和 Google 上免费订购你所感兴趣的跟踪服务，系统会 24 小时更新，不间断地向你的信箱发送数据库中出现的新文献或网上出现的你感兴趣的主题的文章。(4) 经常上网查看最新的资讯来激发灵感。定期读几篇《Nature》《Science》等有关学科专业的顶级期刊上的论文是很重要的，不要认为与自己专业无关的就不关心，其实目前生物医学界的许多方法和思路是相通的，将《Nature》《Science》上最新的方法用到自己的领域中，可能使你豁然开朗，激发你的灵感。(5) 定期阅读所从事领域的重点期刊。首先，对于所从事领域的重点杂志中的综述文章（包括专业的核心刊的专辑、增刊），要重点阅读；然后，对于每一期的每一篇文章要浏览（至少应该阅读每篇的 Title 和 Abstract）；最后，重点阅读重点文章，特别要注意综述文章后的参考文献，可以用回溯方法查找相关主题的最初起源及奠基性文章；在查阅大量外文文献后，从文献的文献再去查找，如此往复循环，新的思想在不知不觉中就被启发出来。

　　文献综述是指在对某一方面的专题收集大量情报资料后经综合分析而写成的学术论文，它是科学文献的一种，也是大学生、博硕士研究生做学位论文时必须经历的一个过程。文献综述能反映出当前某一领域中某分支学科或重要专题的最新进展、学术见解和建议，它往往能反映出有关问题的新动态、新趋势、新水平、新原理和新技术等。文献综述与"读书报告""文献复习""研究进展"等有相似之处，它们都是从某一方面的专题研究论文或报告中归纳出来的。但是，文献综述既不像

"读书报告""文献复习"那样，单纯把一级文献客观地归纳成报告，也不像"研究进展"那样只讲科学进程，其特点是"综"。"综"是要求对文献资料进行综合分析、归纳整理，使材料更精炼明确、更有逻辑层次；"述"是要求对综合整理后的文献进行比较专门的、全面的、深入的、系统的论述。总之，文献综述是作者对某一方面问题的历史背景、前人工作、争论焦点、研究现状和发展前景等内容进行评论的科学性论文。

撰写文献综述一般经过以下几个阶段：选题、收集阅读文献资料、拟定提纲（包括归纳、整理、分析）和成文。学习撰写文献综述应达到如下效果：（1）通过收集文献资料，可进一步熟悉文献的查找方法和资料的积累方法，在查找的过程中同时也扩大了知识面。（2）查找文献资料、写文献综述是任何科研选题及进行科研的第一步，因此学习文献综述的撰写也是为今后科研活动打基础的过程。（3）通过综述的写作过程，能提高归纳、分析、综合能力，有利于独立工作能力和科研能力的提高。（4）文献综述选题范围广，题目可大可小，可难可易，可根据自己的能力和兴趣自由选题。

四、文献的管理：信息时代的选择

（一）信息时代文献管理的现代化

信息时代，广大科研工作者通过电子资源可以随时随地检索丰富的信息资源，而浩瀚的信息资源成了科研工作者不得不面对的现实问题。在撰写科技论文时，科研工作者常因写作逻辑的调整而改变参考文献的顺序，或因不同刊物对参考文献标引格式的要求不同而不断修改参考文献格式。对于参考文献列表的整理成为撰写论文过程中最烦琐的内容，浪费了学者们的大部分时间与精力。因此，需要建立良好的文献管理方法来进行上述工作。而文献管理软件彻底改变了科研工作者文献管理的现状，不用再自建文件夹并为给不同文件夹命名而烦恼。

文献管理软件是学者或者作者用于记录、组织、调阅引用文献的计算机程序。一旦引用文献被记录，就可重复多次地生成文献引用目录。例如，书籍、文章或者论文当中的参考文献目录。科技文献的快速增长导致了文献管理软件的开发。

 知识产权信息与创新发展

文献管理软件的核心用途是写论文时的引文管理，这些是任何文献管理软件都必备的核心功能，其重要功能是管理题录使得可以快速高效地搜索到自己已经看过的文献；对题录进行分组管理方便自己浏览。目前大多数软件尚未重视的重要功能则是笔记。

（二）常见管理软件特点、评价及选择

1. EndNote 是一款国外软件，是 SCI（Thomson Scientific 公司）的官方软件。提供桌面版和网络版。若编写 SCI 稿件，更有必要采用此软件。系统资源占用小，有很强的功能扩展，能管理的数据库没有上限。具有如下优点：（1）能直接连接上千个数据库，文献的检索效率高（少数数据库需要账户密码才能连接）；（2）提供 Word 插件，支持边书写论文边插入参考文献并调整顺序或删除，编号也会即时更新；（3）对插入的参考文献的样式（模板）可进行新建、修改，以适应不同期刊的参考文献格式；（4）在 PDF 全文显示窗口中支持自由标记高亮字句，并可添加注释；（5）可将桌面版的数据同步到网络版中，即时更新个人数据库；（6）在导入英文文献时能自动更新题录信息。其缺点是它是一款收费软件，在导入中文 PDF 文献时不能够直接生成题录。若使用 EndNote 则建议使用 office2007 或以上版本，因为 word2007 的插件功能更丰富。

2. NoteFirst 是国产软件，新一代的网络版文献管理软件，不仅具有了国外主流的文献管理软件所能提供的功能，还具有全面支持国标、支持多语言方案、支持双语参考文献等其他软件所不具备的功能，是中国科研人员和研究生们不可缺少的文献管理和论文写作工具。有如下优点：（1）网络版软件，同一用户在不同计算机间的题录数据可自动同步更新；（2）提供专门的读书笔记模块，方便读者记录一些好的研究想法；（3）内置 PDF 阅读器功能较强大，包括添加各种标记、注释以及书签；（4）不仅是文献管理软件，更是一个分享资源、协作研究的专业平台；（5）支持中文参考文献标准以及 EI 收录期刊双语参考文献格式；（6）对中文文献的题录更新能力较强。缺点是需注册账户才能使用。

3. Mendeley 是一款国外跨平台文献管理软件，同时也是一个在线的学术社交网络平台。可一键抓取网页上的文献信息添加到个人的 library 中。对比传统的文献管理软件，比如 EndNote 之类的来说，它最显著的

第三章 文献信息资源的管理及利用

优势就是开源并免费，比较适合本地操作和大量 PDF 的文件管理。优点是：（1）免费软件；（2）提供 Word 插件，支持边书写论文边插入参考文献；（3）免费提供各 2GB 的文献存储和 100MB 的共享空间。缺点是：不支持中文参考文献标准，不能在软件中联机检索文献，对中文文献支持能力太差，虽然免费，但对于以后将用到大量中文文献的我们来说并不适用，且该软件没有汉化版本，学习和使用的难度较大。

4. NoteExpress 是北京爱琴海软件公司开发的一款专业级别的文献检索与管理系统，其核心功能涵盖"采集、管理、应用、挖掘"等知识管理的所有环节，是学术研究、知识管理的必备工具，发表论文的好帮手。该系统的优点是：（1）已经做好了许多国内杂志的格式，不用自己再去建立新样式；（2）支持笔记功能，可以随时对感兴趣的参考文献做笔记，并可进行分类管理；（3）提供相关检索历史保存功能。其缺点是它是一款收费软件，不具有内置的 PDF 阅读器，也不具备网络同步功能。

5. Zotero 是一种开源的文献管理工具，可以方便地收集、组织、引用和共享文献。由安德鲁·W·梅隆基金会、斯隆基金会以及美国博物馆和图书馆服务协会资助开发。优点是：（1）能对在线文献数据库网页中的文献题录直接抓取，这是其主功能；（2）申请账户后支持同步，100MB 免费空间，本地库无上限；（3）支持文献笔记功能。不足是必须使用 Firefox 浏览器，文献管理、分类方式较单一。

从实用的角度出发，我认为合理的方案是采用 NoteExpress 作为主工具，EndNote 作为后备。首先，NoteExpress 为国产软件，界面全中文，易学易用。其次，中文文献将是之后撰写毕业论文需要查阅的主体，其对中文文献的良好支持势必会减少我们在文献管理过程中的工作量，另外许多国内杂志的文献格式都已具备，不用自己花精力去编辑，方便我们针对不同期刊的参考文献格式进行快速调整。最后，NoteExpress 对文献的管理分类更清晰，例如，可以根据个人数据库里已录入的文献中的作者、关键词进行整理，方便我们随时查阅。美中不足的是 NoteExpress 是一款单机版的软件，不具备网络同步的功能。EndNote 作为后备则主要考虑到其对中文文献支持不足，而对外文文献支持良好，因此可主要负责外文文献的搜索与题录同步工作。

第四章
专利文献信息利用基础

第一节 专利文献信息分析基础理论

一、专利文献的含义及范围

专利文献是各国专利局和国际专利组织在审批专利过程中产生的专利文件及其出版物，它包括专利说明书、专利公报、专利分类表、专利检索工具以及有关专利的法律性文件。现代专利信息可分为三大类型：一次专利信息（各种专利说明书）、二次专利信息（主要指专利公报和专利索引），第三种专利信息是专利分类资料（专利分类表及分类索引）和专利法律文件。其中一次专利信息是专利信息的主体。专利信息一般是指各国专利局的正式出版物，主要是指专利说明书，即发明人向专利局申请专利时呈交的书面文件。发明专利说明书由扉页、发明内容（包括权利要求）和附图三部分组成。因此，专利信息检索主要是检索专利说明书中的专利信息。作为知识产权的专利，它既具有知识内容，又具有经济价值。专利信息具有新颖性、实用性、独创性、详尽性、时间性等特点，因此，各国都很重视专利技术的研究和专利信息的利用。

专利说明书是专利文献的主体。其主要作用，一方面是公开新的技术信息，另一方面是确定法律保护的范围。只有在专利说明书中才能找到申请专利的全部技术信息及准确的专利权保护范围的法律信息。按照专利的类型，专利说明书又细分为：

1. 发明专利说明书（Patent Specification）。这是各国专利文献的主体，一般包括三部分：扉页，与发明有关的及和法律有关的内容、各著录项目都印在扉页上；正文部分，也就是发明内容，包括发明背景、有关发明简要叙述、有关发明的详细叙述（如有附图将结合附图加以说明）；专利权限部分。

2. 实用新型专利说明书（Utility Model）。这种专利说明书不同于上述的发明专利说明书，其内容只有"权利要求"部分及附图，不印刷说明书全文（在日本称为实用新案、法国称为实用证书、澳大利亚称为小专利）。

3. 工业品外观设计专利（Industrial Design）。此种专利不用写发明内容、权利要求等，向专利局申请时只提交产品的照片和图片等文件，并且应当写明使用该外观设计的产品及其所属的类别。

为便于各国专利文献检索者检索不同国家的专利，世界知识产权组织（WIPO）巴黎联盟专利局间情报检索国际合作委员会（ICIREPAT）制订了一套各国标准缩写代号及INID代码。各国标准缩写均由两字母组成。INID代码是一套专利著录项目的国际统一数字代号，其作用是使不懂外国文字的专利资料工作者能根据代号识别这些项目，并便于电子计算机输入，进行机械检索。

二、专利信息的作用

专利信息具有获取科技信息，取得工业产权信息，促进工业发展及促进专利制度完善的作用。

专利信息是反映最新科学技术成果的重要信息源。科技人员查看专利信息，可以从中得到启示，启发新的构思或用以借鉴进行发明创造，也可以由此预测技术发展和技术经济动向。专利文献报道了某项专利的专利权所保护的技术内容和范围以及专利权实施和转让等工业产权信息，有助于人们在进行专利技术许可贸易、生产、销售活动中避免侵权行为。专利制度是经济发展的动力，对新的发明授予专利权，促进了发明。美国的工业财富有85%直接或间接和专利有关。日本的科技革命，主要是靠购买专利技术权来实现的。例如，日本从美国杜邦公司引进耗资2500万美元研制的尼龙，只花了700万美元，投产两年净得利润9000万美元，产生了巨大的经济效益。专利信息源于专利制度，是专利制度的产物,反过来又是专利制度的重要基础。专利信息体现了专利制度的法律保护功能和公开功能,同时在专利审查和国际交流中发挥着重要作用,专利信息是进行科学审查的依据,为国际交流提供了参考。

三、专利文献检索目的

专利信息检索是指根据一项数据特征,从大量的专利文献或专利数据库中挑选符合某一特定要求的文献或信息的过程。

专利信息检索效果受主观、客观因素的影响,主观因素包括专利信息检索的目的、检索种类、检索策略、检索技术及检索经验等。客观因素包括专利信息检索的系统因素:专利信息数据库、专利信息检索软件。进行专利文献的检索主要是出于以下目的:(1)专利性检索,专利性是指授予专利的发明创造应具备的新颖性、创造性和实用性。(2)侵权检索,分防止侵权检索和被动侵权检索两种。(3)专利法律状态检索,是指对专利的时间性和地域性进行的检索,它分为专利有效性检索和专利地域性检索。(4)技术预测检索。(5)具体技术方案检索。

四、专利信息分析基本流程

专利信息分析流程一般包括前期准备、数据采集、专利分析、完成报告和成果利用5个阶段。其中,前4个阶段包括成立课题组、确定分析目标、项目分解、选择数据库、制定检索策略、专利检索、专家讨论、数据加工、选择分析工具、专利分析和撰写分析报告这11个环节。有些环节还涉及多个步骤,例如专利检索环节包括初步检索、修正检索式、提取专利数据3个步骤。另外,在项目实施前期准备阶段中可根据需要加入调研环节。对于需要进行中期评估的项目,应当在项目实施流程的中期阶段组织实施。项目实施过程中,还应当将内部质量的控制和管理贯穿始终。

(一)课题准备阶段

研究进入实施流程环节后,首先要进行前期的准备工作,包括成立课题组、确定分析目标、项目分解、选择数据库4个环节。

首先,根据项目需求,选择相应人员组建项目课题组。课题组应由具有多学科知识背景和专业技能的人员组成,这些人员主要包括专利审查员、专业技术人员、情报分析人员、政策研究人员以及经济和法律人员等。其次，确定分析目标。在项目初期，应进行项目需求分析，认真研究背景资料，了解现有技术的特征和行业发展现状以及产业链基本构成等内容，在此基础上明确分析目标。再次，项目分解。项目分解是前期准备阶段的一项重要工作，恰当的项目分解可为后续专利检索和分析提供科学的、多样化的数据支撑。根据所确定的分析目标，将研究对象采用的技术方案进行分解的目的在于细化该技术的分类，如同国际专利分类表IPC所采用的大类、小类、大组、小组的划分方式，以更好地适应"专利"本身的特点，便于后续的专利检索和专利侵权判断分析。专利法规定了一件专利申请如果要获得专利权需要符合单一性规定，这决定了一件专利申请的发明内容往往只会涉及某项技术的某一点创新式改进，而一项新"技术"往往是成千上万项创新式发明点的集合，其背后则对应着成千上万件的专利申请。如何将这些数量众多的反映该项新"技术"的专利申请进行归类整理，以反映该项新"技术"的专利布局情况，这正是项目分解所要解决的问题。项目分解应尽可能依据行业内的技术分类习惯进行，同时也要兼顾专利检索的特定需求和课题所确定分析目标的需求，使分解后的技术重点既反映产业的发展方向又便于检索操作，以确保数据的完整、准确。最后，选择数据库。根据确定的分析目标和对项目涉及的技术内容的分解研究，选择与技术主题相关的一个或多个数据库作为专利分析的数据源。通常情况下，可以将项目的分析目标、数据库收录文献的特点、数据库提供的检索字段等作为选择数据库的依据。

（二）数据采集处理阶段

在完成对研究项目的前期准备工作后，应当在所获取的背景资料以及项目分解结果的基础上进行数据采集，这一阶段的工作主要包括制定检索策略、专利检索、专家讨论和数据加工4个环节。

将专家讨论环节设置在数据采集阶段，主要是考虑到数据采集是关系到最终研究成果准确性与否的关键阶段，所以在此需要设置特别的环节以确保研究的质量。当然，在认为其他阶段也需要专家参与时，均可设置该专家讨论的环节。

检索策略的制定是专利分析工作的重要环节，应当充分研究项目的

 知识产权信息与创新发展

行业背景、技术领域，并结合所选数据库资源的特点制定适当的检索策略。一般来说，在对项目所涉及技术内容进行详细分解后，应尽可能列举与技术主题相关的关键词和分类号，同时确定关键词、分类号之间的关系，编制初步检索策略，然后通过初步检索的结果动态修正检索策略，以实现最佳的检索效果。

专利检索策略制定完成后，进入专利检索环节。专利检索主要包括初步检索、修正检索式和提取专利数据 3 个步骤。

1. 初步检索。根据编制完成的检索式和选定的数据库特点（如数据库的逻辑运算符、截词符、各种检索项输入格式要求等），选择小范围时间跨度提取数据，完成初步检索步骤。

2. 修正检索式。浏览上述初步检索结果，并进行分析研究，初步判断检全率和检准率，并对误检、漏检数据进行分析，找出误检、漏检原因，完成检索式修订，形成修正检索式。值得注意的是，修正检索式过程往往要经过多次反复，不断调整检索式并判断检索效果，直至对检索结果满意，形成最终检索式。

3. 提取专利数据。运行最终的修正检索式，下载检索结果，形成专利分析原始样本数据库，供进一步使用。

项目进入实施阶段后，可在"专利检索"步骤后设置专家讨论环节。通过邀请相关方面的专家对课题组已进行的工作从管理层面和技术层面进行指导，确保课题组后续研究工作的有效性和实用性。当然，也可以不必拘泥于本书所规定的专家讨论环节的启动时间，在认为有必要咨询相关专家时，如项目启动之初、确定分析目标或项目分解等环节，均可组织专家进行讨论，以利于项目的后续实施。

专利检索完成后，应当依据项目分解后的技术内容对采集的数据进行加工整理，形成分析样本数据库。数据加工主要包括数据转换、数据清洗和数据标引 3 个步骤。数据转换是数据加工过程中的第一步，其目的是使检索到的原始专利数据转化为统一的、可操作的、便于统计分析的数据格式（如 Excel、Access 格式等）。数据清洗，实质上是对数据的进一步加工处理，目的是保证本质上属于同一类型的数据最终能够被聚集到一起，作为一组数据进行分析。这是因为各国在著录项目录入时，由于标引的不一致、输入错误、语言表达习惯的不同、专利法律状

况的改变以及重复专利或同族专利等原因造成了原始数据的不一致性，如果对数据不加以整理或合并，在统计分析时就会产生一定程度的误差，进而影响到整个分析结果的准确性。数据标引是指根据不同的分析目标，对原始数据中相关记录加入相应的标识，从而增加额外的数据项来进行相关分析的过程。

（三）专利分析阶段

首先要选择分析工具，本文所称的分析工具特指用于专利数据统计分析的软件。目前国内外专利分析软件种类繁多，特点各异，因此挑选合适的分析软件对后续的专利分析起着至关重要的作用。其次，在完成专利分析工具的选取后，就可以利用这些分析工具对数据进行专利统计分析了。根据分析目标和项目分解内容的不同，选择相应的统计指标和分析方法。最后，利用软件绘制各种图表，同时采用不同分析方法进行归纳和推理、抽象和概括，解读专利情报，挖掘专利信息所反映的本质问题。

应当注意的是，在该流程的实施过程中应当注意保留所选取记录和相关的统计数据，以便后续阶段使用。

（四）完成报告和验收阶段

完成报告是目前项目实施流程的最后阶段，也是对研究成果和研究价值的集中体现和归纳，因此需要突出研究报告体例的规范性和研究内容的完整性。这一阶段主要包括撰写分析报告、初稿讨论、报告修改与完善等环节。

分析报告应当在报告内容、报告结构和格式等方面遵循一定的规范要求，以体现整体性、一致性和规范性。分析报告的主要内容一般包括引言、概要、主要分析内容、主要结论、应对措施、建议等。

在分析报告初稿完成后，应当会同相关领域专家对报告的主要内容、重要结论、应对措施以及政策建议等内容进行研讨。以进一步完善报告内容、梳理报告结构、突出重要结论，使报告的应对措施和建议更有针对性。

通过初稿研讨，充分借鉴相关专家的意见，并综合这些修改建议对报告中尚需改进的地方进行相应的修改和完善。

（五）成果利用

应用期的主要工作包括对分析报告进行专利评估、制定相应的专利战略，以及专利战略的实施等。从理论上讲，应用期的工作是分析工作的延伸，专利信息分析的最终目的在于将专利情报应用于实际工作中。

因而，应当以积极的行动将这些情报用于配合制定国家的发展战略，指导企业的经营活动，为国家或企业在市场竞争中赢得有利地位。需要注意的是，应用期的主要工作通常由专利信息分析报告的委托方组织实施。

一份好的信息分析报告必须经得起时间与实践的双重检验。研究报告必须经过严谨分析，具有条理性、系统性且合乎逻辑，并且最后获得一些清晰的科学结论，只有这样才能将专利分析的成果很好地应用于实际工作中。因此，慎重阅读和评估专利分析报告具有非常重要的意义。

在实际评估工作中，通常需要对下列问题进行必要的估量：（1）研究报告是否清楚说明其目标；（2）数据采集的时间跨度及区域范围是否合理；（3）检索策略是否准确；（4）数据库的选择是否具有代表性；（5）数据本身的质量及影响因素考虑是否全面；（6）使用的统计方法或分析工具是否合适；（7）以图表形式表达的结果是否将数据合理量化；（8）图表内容与文中内容是否吻合以及图表之间的数据是否一致；（9）对统计数据进行推论得到的结果解释是否合理；（10）是否针对研究结果做出合理的建议。

所谓专利战略就是以专利制度为依据，以专利权的保护、专利技术开发、专利技术实施、专利许可贸易、专利信息应用和专利管理为主要对象，以专利技术市场为广阔舞台，在企业生存和发展的环境中，以符合和保证实现企业竞争优势为使命，冷静地分析环境的变化和原因，探索未来企业专利工作的发展动向，寻找发展专利事业的机会，变革企业现在的经营机构，选择通向未来的经营途径，谋求革新企业专利经营对策。通常所称的专利战略包括专利申请战略、技术引进战略、维权战略、市场战略、跟踪主要竞争对手战略以及专利续展战略。企业专利战略是企业发展战略的重要组成部分，是企业利用专利手段在市场上谋求利益优势的战略性谋划。它涉及企业自身行业境况、技术实力、经济能力和贸易状况等诸多因素。因此，制定相应的专利战略时，应当充分利用专利分析报告的研究成果，在此基础上注重与企业的实际情况相适应，选择与企业总体发展战略相符合的专利战略。

企业专利战略应当根据国家发展的总体战略方针和国家专利战略的宏观框架，与企业整体发展战略相适应。同时，企业专利战略的制定应当客观分析企业面临的竞争环境，并与企业自身的条件和特殊性相适应。仅仅有漂亮的专利信息分析报告与宏伟的专利战略是不够的，需要有与其相适应的体制与操作规程。没有相应的制度或管理程序做保证，再好的专利战略也无法正常、有序地实施。因此，企业专利管理是专利战略实施的基础与保证。企业专利管理工作的目的在于充分依靠和有效运用专利制度，有效整合企业资源，积极推进企业专利战略，增强企业技术创新能力和市场竞争能力。企业在实施专利战略过程中，应将它切实地落实到企业的日常专利管理工作中去，使其成为企业经营战略的重要组成部分，并设立专门机构抓落实，认真贯彻已制定的专利战略，依靠专利技术、专利产品占领市场，为企业带来超额的经济效益。同时，企业专利战略应当具有相对稳定性。既要考虑眼前企业所面临的形势，更要对未来可能的发展变化进行前瞻性的研究。在总的原则确定后，还要依据急剧变化的形势，进行及时的微调。

第二节　网络专利信息的获取

一、网络专利信息源发展历史

网络技术的迅猛发展和专利信息的特点，使得网络专利信息源区别于其他网络信息源，成为公众采集专利信息最为重要的途径之一。

20 世纪 90 年代末，随着网络技术的迅猛发展和因特网用户的迅速普及，越来越多的专利机构和专利组织通过网络将专利信息免费提供给公众使用，使得专利信息传播方式发生了根本性转变。它的承载形式由原来的纸件载体、缩微胶片、CD-ROM 或 DVD 光盘等形式，增加了没有时间、空间限制的网络传播方式。

1997 年 IBM 公司开始在因特网提供专利服务，1998 年 10 月欧洲

 知识产权信息与创新发展

专利局开始了网络专利检索服务,1999年4月,美国专利商标局(US-PTO)开始了免费因特网专利数据库服务。之后日本、中国和加拿大等国专利局和国际组织也开始在因特网上提供各种专利信息。截止到2004年10月,已有120多个国家工业产权局、国际组织或商业数据库运行商在因特网提供专利信息服务。

目前,公众在因特网上获取专利信息源主要有两个渠道:一是通过各国工业产权局网站免费获取;二是通过商业数据库网站获取。这两类渠道在专利信息的收录范围、加工深度、检索手段、检索成本等方面存在不同,可以说各具特色、各有优势,并相互补充。

（一）免费专利信息源

因特网上的免费专利信息资源多数是各个国家工业产权局或国际知识产权组织提供的。一般来说可查询的信息包括相关国家专利制度历史、专利法以及法律法规、专利机构的重要活动；获取专利保护的程序、专利咨询、代理机构信息、专利出版物及电子化产品订购信息；与专利内容相关的培训、集会、专题研讨会等信息；专利、商标等专业检索数据库等。其中,专利数据库一般会提供专利著录数据、文摘或权利要求及专利全文说明书。说明书通常以文本或图像格式或者两种格式提供浏览、保存或打印。专利全文图像说明书一般有PDF和TIFF两种格式。在浏览、保存和打印这两种格式的图像说明书时,分别需在计算机上安装浏览器插件；对于PDF格式可使用Acrobat Reader,对于TIFF格式可使用AlternaTIFF。

为了方便不同国家的用户使用本国专利数据库检索系统,不少国家的工业产权局网站提供本国语言界面和英文界面供公众选择。如美国专利商标局、欧洲专利局、中国国家知识产权局、日本特许厅工业产权数字图书馆、加拿大知识产权局、德国专利商标局及韩国知识产权局等。有些国家工业产权局除了提供本国所有专利文献外,还可以检索和浏览其他国家的专利文献（包括专利图像说明书全文）,如欧洲专利局、日本特许厅工业产权数字图书馆和德国专利商标局等。

（二）商业专利数据库

目前,国际上已经建设完成并交付用户使用的商业专利数据库和专

利检索系统，包括美国的 DIALOG 国际联机检索系统、美德日联合建立的 STN 国际联机检索系统、法国的 Questel-Orbit 国际联机检索系统、Thomson 科技集团（Thomson Scientific Ltd）的 Delphion 专利数据库和 Derwent 世界专利索引检索、Thomson 集团的药物专利与商情数据库，以及欧洲专利涂料数据库等。这些商业专利数据库在因特网上借助强有力的检索系统，为用户提供最新专利信息检索和专利信息分析服务。通常，使用商业数据库要支付高昂的费用。例如，世界著名的 Thomson Derwent 公司的世界专利索引数据库，用户要使用其数据库，要么选择购买 Thomson 科技公司提供的数据库使用账号（单机版，每年约 3300 美元），要么购买其他商业数据库运行商提供的在线检索账号，通常每小时约 200 美元。这些商业性数据库昂贵的使用价格，限制了一些用户的使用。不过，这些商业专利数据库收录的数据范围、数据库加工整理及分类水平、文献标引、检索入口和检索功能等方面均具有一定特色，是免费专利数据库不能取代的。

网络专利信息源既有一般网络信息的特点，又因为专利文献的特征，使其区别于其他网络信息源。各个国家工业产权局或国际知识产权组织提供的专利信息资源具有共同的特点，即：使用成本低、检索界面简单直观、检索系统简单易用、数据更新及时及数据可靠等。

二、中国专利信息检索系统

（一）中国国家知识产权局网站

中国国家知识产权局网站是由国家知识产权局组织建立的政府官方网站，它既是国内外公众了解中国专利制度、专利法律法规以及国家专利工作动态的窗口，也是国家知识产权局进行专利信息传播和专利信息服务的窗口。

该网站提供中文和英文两种版本，从 2001 年 11 月 1 日起，国家知识产权局网站正式对国内外公众提供中国专利免费检索。数据库的数据包括 1985 年以来公开的发明、实用新型和外观设计专利，并可以进行专利的法律状态检索。与此同时，该网站还提供中国专利文献的免费下载服务，用户能够进行专利全文说明书的浏览、下载和打印。中国国家知识产权局网站除提供中国专利检索外，还向公众提供与专利相关的信息服务，如与专利申请有关信息、专利审查指南、专利保护、专利代理、PCT 专利申请、集成电路保护以及中国专利信息产品等。

为了方便公众通过互联网以电子文件形式提出专利申请，2004 年 3 月 12 日起国家知识产权局制定并施行《关于电子专利申请的规定》，并在其网站上提供在线专利电子申请。只要用户事先与国家知识产权局签订《电子专利申请系统用户注册协议》或委托已签订用户协议、有权开办电子专利申请代理业务的专利代理机构申请专利的，均可在网上提交专利申请。

此外，国家知识产权局网站还可以查询最新专利公报的内容。在主页上单击"公告通知"链接，可以查询近期的专利公报，包括发明专利公报、实用新型专利公报、外观设计专利公报、集成电路公告、国家知识产权局的公告等内容。公众由此可了解国家知识产权局的最新动态。从国家知识产权局网站的主页上，还能够链接到其他国家和地区的知识产权局的网站、专利数据库等，为公众查找其他国家的相关专利信息提供方便。

国家知识产权局网站提供的中国专利检索数据库进入方法简便，数据收录范围广泛，检索界面简洁明了，同时提供 IPC 分类导航检索和法律状态检索。

数据库收录了 1985 年中国专利法实施以来公开的 3 种中国专利文献：发明专利、实用新型专利和外观设计专利文献，截止到 2006 年 6 月，3 种专利公开量累计达到 212 万件。3 种专利收录的年间和数据类型不完全相同，如表 4-1 所示。

表 4-1　中国专利检索数据库文献类型与数据类型对照表

专利文献类型	收录年代	数据类型
发明专利	1985 年至今	文本式著录数据、摘要、法律状态和图像说明书（TIFF 格式）
实用新型	1985 年至今	文本式著录数据、摘要、法律状态和图像说明书（TIFF 格式）
外观设计	1997 年至今	文本式著录数据、摘要、法律状态和图像说明书（TIFF 格式）

第四章　专利文献信息利用基础

用户通过网址进入中国国家知识产权局网站。进入网站主页后，选择中文或英文页面，在中文页面中，单击"专利检索"按钮，进入中国专利检索系统，注册登录。

该数据库有字段检索、IPC 分类导航检索两种检索方式。

1. 字段检索。系统提供申请号、名称、摘要、申请日、分类号、主分类号、公开（公告）号、公开（公告）日、申请（专利权）人、发明（设计）人、地址、国际公布、颁证日、专利代理机构、代理人、优先权共 16 个检索字段。用户可以根据已知条件，在上述 16 个检索入口中，任意选择一个或多个检索项进行检索，有些检索项还允许进行逻辑运算。检索项之间全部为"逻辑与"运算。

在检索页面的上方，用户可以选择在全部专利中进行检索，也可以选择在发明专利、实用新型专利、外观设计专利中进行检索。数据库不提供说明书的全文检索。每个检索字段均可进行模糊检索，模糊检索字符为百分号（%），一个模糊字符代表任意字母、数字或汉字。输入的检索字符串中可以使用多个模糊字符，并且一个模糊字符可以出现在输入的检索字符串任何位置，但位于字符串首尾时可省略。

2. IPC 分类导航。在国家知识产权局网站的主页上设有"IPC 分类检索"按钮，单击即进入 IPC 分类导航检索页面。

所谓 IPC 分类导航检索就是利用国际专利分类号（简称 IPC）进行专利查询。在该检索页面下，提供了国际专利分类表中 A~H 的 8 个部分，及其大类和小类的分类导航。用户可查找分类表中各部、大类、小类中感兴趣的类目，单击类目名称，即可得到该类目下的专利检索结果（外观设计因其使用另外的分类系统不在其内）。此检索页面在使用 IPC 分类导航检索的同时，还提供关键词检索，即在选中某分类号下，在发明名称和摘要范围内再进行关键词检索，将得到分类号与关键词组配检索的结果，提高检索的准确性。

用户在进行字段检索时，首先要在检索页面上方的"全部专利""发明专利""实用新型"或"外观设计"这 4 种专利检索范围中做出选择，其检索结果将按照用户所选检索范围显示。使用分类导航检索，所显示的检索结果包含发明专利和实用新型专利。无论是字段检索还是分类导航检索，其检索结果显示方式基本相同，先后按照题录、文摘、全文图像说明书顺序进行显示。在题录结果显示页上方提示发明专利、实用新型和外观设计的命中篇数，并依此列出命中专利的记录号、专利号和专利名称。每页最多列出 10 条记录，可通过在"跳转到"输入框中输入页码或单击"下一页"，查看其他检索结果。

在题录结果显示页列表中，单击任意一件专利名称将进入著录项目显示页面。一件专利著录项目内容包括专利申请号、申请日、公开（公告）号、公开（公告）日、发明名称、国际专利分类号等著录数据和文摘。另外，在著录项目显示页面上提供有图像全文说明书链接按钮和法律状态的链接按钮。

在专利说明书全文按钮处，系统自动提示申请公开说明书的页数（如果该专利已被授权，系统还提供审定授权说明书），单击"说明书全文"按钮，进入图像全文说明书显示页，用户可以对全文专利说明书进行保存、打印等。一次只能保存或打印当前显示页。说明书全文为 TIFF 格式，浏览说明书全文需要使用该数据库提供的专用浏览器或者使用其他可以浏览 TIFF 格式文件的软件。

法律检索系统只能检索 2002 年以后公告的法律状态。所提供的法律状态（专利）的信息主要来源于国家知识产权局出版的发明、实用新型和外观设计专利公报。由于专利申请（专利）的法律状态随时发生变化，而专利检索系统登录信息存在滞后性等原因，该检索系统的法律状态信息仅供参考。需要准确的法律状态信息时，可向国家知识产权局专利局请求出具专利登记簿副本，查询其法律状态。专利的法律状态包括"实质审查请求生效""申请的撤回""申请的视为撤回""申请的驳回""授权""专利权视为放弃""主动放弃专利权""专利权的恢复""专利权无效""专利权在期限届满前终止"和"专利权届满终止"等。法律状态数据库的检索结果按照用户指定的显示篇数显示，同时显示第一条记录的详细法律状态。

（二）中国专利信息网

中国专利信息网由中国知识产权局专利检索咨询中心开发，收集了中国专利局自 1985 年以来公开的所有专利信息及说明书全文、图形。该系统提供有三种检索模式：简单检索、逻辑组配检索和菜单检索。其检索界面友好、检索方法简单易学，响应速度较快。网上可提供专利文摘和专利说明书全文（部分专利），但只有付费用户才能得到专利说明书全文，免费用户只能得到专利文摘和专利说明书的扉页。要注意的是，无论是付费用户还是免费用户，使用该网站检索专利前都必须先注册，才能进行检索。此外，该网站还提供有其他许多与专利有关的信息，如专利转让、专利法规、专利代理等。

1. 检索方式。首先，用户需要输入用户名和密码登录，进入检索系统，该系统的检索方式有简单检索、逻辑组配检索和菜单检索三种。

（1）简单检索。简单检索的搜索范围是所有专利文献的题录信息，在检索框内输入关键词，各关键词之间用空格隔开，然后选择检索框下方的选项，选择关键词之间的逻辑联系：检索结果包含所有关键词（"与"的关系）；检索结果至少包含其中一个关键词（"或"的关系）；最后单击检索按钮，系统会在新打开的窗口中列出检索结果。

（2）逻辑组配检索。逻辑组配可以更准确地检索出用户所要求的专利。

"检索式1"和"检索式2"是检索提问输入框，分别可以输入多个关键词并可以进行组配，检索词之间的组配关系为：空格、逗号、＊和＆这四个符号及"and"都可以表示"与"的关系；"＋""｜""or"都可以表示"或"的关系；"—""not"都可以表示"非"的关系。"检索式1"与"检索式2"之间的逻辑组配关系可通过中间的逻辑关系选项（and、or、not）选择。在"检索式1"与"检索式2"的下方给出了关键词输入框和可供选择的检索字段框，默认为在全部字段中进行检索。如果用户要将检索限定在特定字段，则可在检索字段下拉菜单中进行选择。

（3）菜单检索。菜单检索功能提供多字段组合检索。共有申请号、申请日、公告号、公告日、IPC分类号、优先权、国省代码、发明人、申请人、地址、发明名称、摘要、权利要求等字段，可在单个字段中输入检索词进行检索，也可在多个字段中进行检索，各字段间的逻辑组配关系为"and"。

（4）进阶检索。在查询结果页面可以继续查找信息，有两种选择，即重新检索和在结果中检索。重新检索是用本次键入的关键词重新检索（默认选项）；在结果中检索是在上一次的检索结果中再用本次键入的

 知识产权信息与创新发展

关键词进行检索，本次输入的关键词与前面检索结果是"and"（与）的关系，可以帮助用户缩小检索范围，进行更有效的查询。

2. 检索结果。在检索界面点击"检索"按钮后，出现检索结果页面，显示所有检索命中专利的申请号和发明名称。点击专利名称，可以看到该专利的完整的题录信息。每篇专利题录信息页面的右上方有浏览全文的按钮，共有三种方式，一种是需要插件浏览全文，一种是不需要插件浏览全文，一种是高级用户才可使用的打包下载功能，读者可根据自己的需要浏览全文，一般的免费注册用户只可看到专利说明书全文的首页。

三、国外专利检索系统

（一）美国专利检索系统

美国专利可以通过美国专利商标局（USPTO）办公室网站的美国专利数据库进行检索。该数据库收录的美国专利的时间范围从1790年至当前最近一个星期（每周更新一次数据，一般是在周四）。所有Internet用户都可免费检索该数据库并可浏览检索到的专利的题目、文摘及包括附图在内的专利说明书全文等信息。

用户进入主页后点击左侧"Patents"下的"search"，即进入专利数据库检索界面。USPTO专利数据库分为两个部分，一是授权专利数据库（PatFT），它提供1976年以来公布的美国专利的文本全文以及1790年以来公布的专利的页面图像。二是专利申请数据库（AppFT），它提供尚在申请中的专利的全文及页面图像。授权专利数据库和申请专利数据库的检索方法及界面显示基本相同，因此下面以授权专利数据库为例介绍美国专利数据库的检索方法。

无论是授予专利检索还是申请专利检索，都提供三种检索方式，即快速检索、高级检索和专利号检索。

1. 快速检索（Quick Search）。快速检索模式又称为布尔逻辑检索模式。该模式检索提供两个检索词输入框（term1、term2）。以及两个对应的字段选择下拉表框（field1、field2）。检索时，用户在"term1"框中输入检索词，并在对应的"field1"下拉列表中选择所要检索的字段，如果不需要特别指定某一字段，就选择"all fields"选项在所有字

段中检索。需要进行多词检索时，再在"term2"中输入第二个检索词，并在对应的"field2"中选择字段，同时在上下两框之间的布尔逻辑运算符下拉列表中选择适当的运算符，这里提供三种逻辑算符：and、or、not。输入框下方还设有检索年代范围选择"select years"下拉列表框，年代范围包括 1976 to presents、1790 to presents、1790—1975 三个年代区间。然后点击"search"按钮，进行检索。注意，其中 1790—1975 年的专利只能以专利号和当前的美国专利分类号进行检索。

2. 高级检索（Advanced Search）。高级检索模式又称指南检索模式。该检索模式提供检索提问输入框"quary"，检索年代范围选择"select years"下拉菜单和 USPTO 数据字段代码"field code"与字段名称"field name"对应表。检索时，用户可使用命令行检索语法在检索提问框构建一个复杂的检索提问式。这些命令语法包括布尔逻辑关系式、字段限定检索、词组检索、截词检索等。在检索提问框下有各字段的代码和含义，点击字段名，会列出该字段的详细说明及使用帮助。高级检索方式可分三步进行：从"select year"下拉菜单中选择所要检索的年代范围，在"quary"提问输入框中输入检索提问表达式，点击"search"按钮，进行检索。

3. 专利号检索（Patent Number Search）。专利号检索模式设计了一个最简单的检索界面。如果用户已经知道所要检索的专利号，则可直接在专利号检索框中输入专利号进行检索。在输入框中，用户可以一次输入一个专利号，也可以一次输入多个专利号进行检索。一次输入多个专利号时，两个号码之间要用一个空格隔开。号码中有无逗号及号码中的字母是否大小写均不影响检索结果。例如，5，146，634 与 5146634；D339，456 与 d339456 的检索结果是一样的。

（二）德温特专利检索

英国德温特出版公司（Derwent Publication Ltd.）是英国一家专门从事专利情报的私营公司，创立于 1951 年。它负责报道世界上 30 多个国家和 2 个国际组织的专利文献以及 2 种技术杂志上发表的技术发明，是世界上最大的专利文献出版公司，现出版有《世界专利索引》《世界专利文摘》《化工专利索引》《电气专利索引》《优先权周报》《WPI 累积索引》及按国别出版的专利摘要等。德温特公司出版的专利索引体系具有报道国家广、专业面全、出版迅速、检索途径多、文种单一等优点。它在世界上各种专利检索工具中占有重要的地位。

1. 德温特分类系统。德温特公司出版报道的专利文献除利用 IPC 分类外，还使用德温特自编分类系统对其进行分类。德温特分类系统属于应用性分类系统，非常适合大众查找专利的需求。

德温特分类表首先将所有的技术领域划分为三部分，即化学、一般与机械、电气。每部分技术内容按等级划分，共分三级。第一级类目用一个大写字母表示，如：P（人类生活必需品）；第二级类目用一位数字表示，如：P1（农、轻、医），P2（生活日用品）；第三级类目亦用一位数字表示，如：P26（沙发、床、椅）。

德温特分类表著录格式为：

一级 P：Hhman Hecessities；Performing Operations

二级 P1：Agriculture；Food Tobaccoa

三级 P11：Soilworking；Planting

在检索时，首先根据技术主题查找其所属的一级类目，然后再在其下查找二级和三级类目。例如查找有关沙发、床、椅方面的课题，首先利用德温特分类表确定其所属的一级类目为 P 人类生活必需品；在 P 大类下继续查，找到 P2 生活日用品；在 P2 下即可查到 P26 为"沙发、床、椅"，其最后分类号即为 P26。根据类号 P26 就可到德温特检索工具相应的类目去查有关的专利文献了。

2. 德温特出版物。《世界专利索引》简称 WPI，1974 年创刊，报道 30 多个国家和 2 个国际组织的专利文献，其中《题录周报》每周出版一次。每期分 4 个分册，其内容是：P 分册为一般技术，包括农业、轻工、医药、一般加工工艺与设备、光学、摄影等；Q 分册为机械，包括运输、建筑、机械工程、机械零件、动力机械、照明、加热等；R 分册为电气，包括仪器仪表、计算机和自动控制、测试技术、电工和电子元器件、电力工程和通信等；CH 分册为化工，包括一般化学、化工、聚合物、药品、农药、食品、化妆品、洗涤剂、纺织、造纸、印刷、涂层、石油、燃料、原子能、爆炸物、耐火材料、冶金等。每个分册均有 4 种索引：专利权人索引、国际专利分类索引、登记号索引和专利号索引。

（1）专利权人索引。专利权人索引主要按专利权人代码排序，代码相同的按申请日期先后编排，日期相同的按基本专利、相同专利、非法定专利顺序编排。该索引的主要用途是查找某一公司企业或个人在各国的专利申请情况。为了便于编制和查检，德温特把它报道的专利公司或个人一律用4个英文字母编成代码，出版《公司代码手册》，收录公司企业约15000个（不包括个人）。如果在《公司代码手册》中查不到其名称和代码的公司企业，或者专利权人是个人的，那么检索者可按德温特编制专利权人代码的规则，自行给其编代码，取其名称中具有实质意义的前4位字母作为该专利权人的代码。

《公司代码手册》又分两部分：第一部分是专利权人字顺，第二部分是代码字顺，其内容为专利权人代码与专利权人名称对照，按代码字顺排列。用于由代码查找专利权人的名称。

（2）国际专利分类索引。此索引是按国际上通用的专利分类法来查找专利文献的一种检索工具。WPI《题录周报》的分类索引就是按国际专利分类法（简称IPC）编制的。

（3）登记号索引。该索引是按照德温特公司的专利入藏号由小到大的顺序排列，为基本专利登记号。本登记号分两种形式：一是化工类，用5位数字后面加一个英文字母表示年份，如30124X（X表示1976年）；二是非化工类，用4位数字后面加一个英文字母表示年份，同时在4位数字的前面加一个英文字母，表示非化工类的编号，如E9806A。从1983年第27周起将两类登记号的编制一律改为公历年号加上6位阿拉伯数字，如83-506688。

由于德温特公司对主要国家（澳、比、德、中、加、法、英、荷、俄、美、日、南非、瑞士和瑞典）和次要国家（30多个国家中的其余国家）的专利文献采取了不同的处理方式：对主要国家的基本专利采用文摘加以报道；对次要国家的专利采用题录方式报道。而给基本专利编登记号，对相同专利不编登记号，是沿用同一专利族中的基本专利的登记号。这样登记号就成为联系同一专利族中各专利的纽带，因此，登记号索引主要用于对照检索出同族专利。

（4）专利号索引。专利号索引用于从专利号查《题录周报》中的著录项目，并以此为线索转查其他索引。专利号索引把当期报道的全部专利按专利号排列。

(5) 优先案索引。WPI 各分册中除包含的以上 4 种索引外,还有一种 WPI 优先案索引。它把机械、电气、化工、一般综合在一起,在《题录周报》以外单独印行,每周出版一期。专利的优先项一般包括:专利的优先申请日期、优先申请国家和优先申请号。它是鉴别同族专利的可靠依据。优先案索引就是供人们按照专利申请中的优先权声明来检索同族专利的一种工具,它按照国别、申请年和申请号的顺序编排。如果一项发明在发展过程中曾经做过一次以上的申请,则注明较早的申请案(E),或较晚的申请案(L)。然后,在每一优先权声明下面列出全部同族专利以及《题录周报》期号,末尾给出德温特的登记号和大类号。该索引给人们提供了从优先项查找同族专利的有效途径。它还能在有多项优先权情况下指明相关优先权、部分接续申请及其相同专利。最后,还可根据该族专利的分册分类号,来查阅各件专利的文摘。

3. 检索方法。用德温特专利检索工具进行检索,一般从两个途径入手,即分类途径和专利权人途径。分类途径:分析课题→确定 IPC 号→查 WPI、IPC 索引,确定德温特分类号、专利号→查 CPI、GMPI、EPI 文摘→选择记录专利号→根据专利号查专利说明书。专利权人途径:专利权人通过《公司代码手册》,换成专利权人代码→查 WPI 中的专利权人索引,确定德温特分类号、专利号→查 CPI、GMPI、EPI 文摘→选择记录专利号→根据专利号查专利说明书。查找最新或当年公布的各国专利说明书,应使用各个分册的《题录周报》或《文摘周报》逐期查阅。查找较早或去年以前公布的各国专利文献,使用各种累积索引较好。

4. 德温特专利数据库(DII)。德温特目前开发了网络专利数据库 Derwent Innovation Index5.0。收录了来自 42 个专利机构授权的 1500 多万项基本发明,3000 多万条专利。每周更新并回溯至 1963 年,为研究人员提供世界范围内的化学、电子与电气以及工程技术领域内综合全面的发明信息,是检索全球专利的最权威的数据库。它将 Derwent World Patents Index(德温特世界专利索引)和 Patents Citation Index(专利引文索引)有机地整合在一起,用户不仅可以通过它检索专利信息,而且可以通过这个数据库检索到专利的引用情况。用户还可以利用 Der-

went Chemistry Resources（德温特化学资源数据库）展开化学结构检索。同时，通过专利间引用与被引用这条线索可以帮助用户迅速地跟踪技术的最新进展，更可以利用其与 ISI Web Science 的连接，深入理解基础研究与应用技术的互动与发展，进一步推动研究向应用的转化。该数据库的检索方法为：登录 ISI Web of Knowledge 主页，通过下拉菜单选择 Derwent Innovation Index 数据库或点击页面上的数据库链接直接进入检索界面。

第三节　专利检索策略

一、检索策略的分类

（一）分总式策略

首先，分别对技术分解表中的各技术分支展开检索，获得该技术分支之下的检索结果；其次，将各技术分支的检索结果进行合并，得到总的检索结果。分总式检索策略适用于各技术分支之间相似度不高的情形，即各技术分支的检索结果之间的交集较小。分总式检索策略的优势在于：课题组成员可以并行检索各技术分支，提高检索效率。一般而言，分总式中的各技术分支指的是一级技术分支，对每一个一级技术分支下的二级或三级技术分支可以继续使用分总式检索策略，或采用其他检索策略。

如：在燃煤锅炉燃烧设备课题研究中，采用分总形式，分别检索层燃炉、室燃炉和沸腾炉三个一级分支得到总的检索结果。在一级技术分支的处理上，层燃炉、沸腾炉采用总分式检索策略，室燃炉采用分总式检索策略。

再如：在通信用光器件课题研究中，采取了分总式检索策略。分别检索光源、光电探测器、光放大器和光调制器，这四块的检索结果总和即为光有源器件；分别检索光纤连接器、光纤耦合器、波分复用器、光衰减器、光隔离器、光环形器、光开关和光滤波器，这八块的检索结果总和即为光无源器件的检索结果。

（二）总分式策略

与分总式检索策略不同的是，总分式检索策略是一种自上而下的检索方式。首先是对总体技术主题的检索，其次是在总技术主题检索的检索结果中进行各技术分支的检索。总分式检索策略适用于技术领域和分类领域等涵盖范围好且较为准确的情形。总分式检索策略的优势在于：检索人员可以全面地了解各技术分支，为以后的标引和技术分析做准备。

（三）引证追踪策略

引证追踪检索是以专利文献的引文字段和说明书中引用的文献信息为线索进行追踪检索。EPOQUE 检索系统、S 系统等检索系统中均提供了引文检索功能。DII 数据库提供了丰富的引文信息，其整合了 Patents Citation Index（专利引文索引）数据库，给出了专利文献说明书中引用的现有技术文献，或在专利审查过程中引用的各种文献，或引用本专利的专利文献。通过对某技术领域或某申请人专利的引证、被引证关系、引证率以及自我引证程度高低的分析，可以发现基础专利、核心专利、重要专利，获知以重要专利为支撑的技术发展线路，获取申请人以及竞争对手在该领域的竞争地位。一般而言，被引证专利数量越多，则该专利技术越受关注，申请人的被引证专利数量越多、单件专利的平均被引证次数越多，则该申请人的创新能力越强，更加具备竞争力。下面给出了引证追踪检索在专利分析中的几种具体应用。

1. 竞争对手竞争地位评价。通过专利引证率研究，获取该领域竞争对手的竞争能力，发现本领域的技术先驱者、重点技术持有者、技术参与者、技术模仿者。

2. 核心专利分析。专利引证率和引证关系反映了专利的重要程度，成为判定基础专利、核心专利和重要专利的参考依据。某专利被在后申请引证次数越多，表明其影响力越大，相应地其具有更高的价值，成为核心专利的可能性越大。

3. 技术发展路线和趋势评价。通过构建专利引证树，根据专利引证树中的专利来分析所研究的技术领域的技术发展路线，并判断其发展趋势。

（四）分筐检索策略

将某一技术主题或某一技术分支拆分为几个技术点或者技术块，每技术块称为一个"筐"，与分总检索不同的是，这里的"筐"不仅可以是个技术分支，而且更多的是个技术点或者技术块。分能检索策略是针对每一个"筐"进行查全和去噪。分筐检索是一种抑制噪声的检案策略，适用于某一技术分支拆分成易于检索的技术点或者技术面的情形、从某种意义上来说，将技术分支拆成技术点或者技术块。是对该技术分交的进一步技术分解，这一技术分解应当从适合检索的角度出发，也就是说，分解出来的技术点或者技术块应当能够通过简单的检索式进行查全与查准。

（五）钓鱼/网鱼检索策略

钓鱼检索策略常用于查全检索过程。钓鱼检索策略可以定义为：先找出一个简单检索要素进行检索，通过对检索结果的分析进而发现更多的有效检索要素，检索要素应当是具体的非宏观性的要素，否则起不到发掘有效检索要素的作用。例如，分析3D技术时，以"偏振*3D"为入口进行检索，进而可发现"极化"等关键词。

网鱼检索策略是先使用宏观检索要素进行检索，通过对检索结果的分析，进而提取检索的技术主题下的微观检索要素作为各技术分支的检索要素，或者发现噪声检索要素。网鱼检索策略在技术分解及噪声发现方面有一定的应用价值。

（六）组合检索策略

在实际检索中，需要根据实际情况组合使用多种检索策略。

（七）补充检索策略

补充检索对保证数据准确性具有查漏补缺的意义，其与专利检索结果的评估是相辅相成的。补充检索是在检索结束之后对检索结果的进一步补充，一般是在对检索结果的评估过程中发现的遗漏有效文献分析的基础上挖掘出补充检索要素。补充检索时，除了使用新引入的关键词等检索要素之外，应当更多地从之前的检索结果中挖掘出重要的申请人发明，作为检索要素，并且应当进一步引入与分析对象密切相关的 IPC、EC、UC、FI/FT-Term 等多体系分类号。必要时还应当在其他数据库中进行补充检索。

二、分类号的确定和使用

(一) 结合技术分解表确定分类号

对于一份确定的技术分解表,其中的某一项技术分支可能涵盖多个分类号下的专利文献,而一个分类号下的专利文献也有可能分别归属于多个不同的技术分支。结合技术分解表确定分类号的方式为:通过关键词找到相关技术内容的大致分类位置,再通过在分类表中进行上下级浏览和彼此交叉指引获取准确的分类位置。值得一提的是,在专利检索时,需要选择不同的数据库进行检索以确保数据的全面性,而不同的数据库对分类体系的收录存在一定的差异。某一技术主体在多类分类体系中都有密切相关的分类号,例如,对立体显示技术中的裸眼式显示技术而言,同时存在很贴近技术分解表的 EC 分类和 FI/F-Term 分类,因此在确定分类号时,应当利用 EC 和 FI/F-Term 进行扩展。

(二) 结合检索策略确定分类号

如前所述,专利文献检索时可以选择总分式检索、分总式检索等多种检索策略,可以根据检索策略来确定分类号。以总分式检索为例,可以首先通过关键词和/或分类号进行试检索以圈定一个较大的文献集合,然后使用已有的分类号和/或关键词检索属于不同级别的技术分支中的专利文献,在获得各技术分支检索结果后,浏览相关度较高的文献并博集分类号,且不断地对分类号进行修正和补充。

(三) 结合分析统计确定分类号

确定分类号的另一方法是利用专利检索系统的统计功能统计分析分类号。对统计的分类号进行排序,并通过在分类表中进行上下级浏览和彼此交叉指引获取准确和全面的数据,还可以获取其他领域分类位置,确定与所分析的技术领域相关度较高的分类号,与所需分析的技术领域技术内容相关度较高的分类号。例如,在 EPODOC 数据库中,使用比较准确的关键词检索获得一定数量的专利文献,通过 MEMS FRQ 对 EC 字段的内容进行提取并排序后存储,通过 LIM2 即可以按照频率降序查看所提取的 EC 分类号。此外,在数据处理时,通过对提取的分类号的统计分析，可以对已获取的分类号进行调整。

（四）分类号的调整和补充

执行检索过程中，通常需要根据检索结果的全面性与准确性实时调整和补充分类号，在调整和补充分类号时，应当充分考虑并分析噪声因素从而对分类号进行合理增减。

（五）多种分类体系的使用

确定分类号时不应局限于 IPC 分类号，应当结合多种分类体系的分类号，以保证检索结果的全面性。在某些领域，针对某些特定国家和地区的文献推荐使用对应的分类体系，会有更好的效果。

三、关键词的确定和使用

（一）结合技术分解表确定关键词

结合技术分解表确定关键词时，应根据技术分解表中的各技术分支的名称，选择能够独立成关键词的词语或者与分类号相对应的词语，进行逻辑运算，以逻辑运算结果来表达检索该技术的准确和完整的关键词。同时，应当对技术分解表中的关键词进行适当扩展，以保证检索结果的查全率。扩展关键词时，可以从综述性科技文献、教科书、技术词典、分类表中的释义、技术资料中挖掘出更多的关键词；或者通过对调研、研讨等过程中围绕技术分解表收集的技术专家、企业专利技术人员以及一线的生产研发人员的惯用技术术语作为关键词。

对于关键词的扩展，应当包括对其进行同义词、上位词、下位词、缩写式、不同语言等不同表达方式的扩展，也包括根据表达习惯的时间性、地域性、译文以及拼写方式的多样性和常见的错误表达方式进行扩展，同时还要注意适当地使用通配符和/或截词符来使其尽可能地容纳各种拼写方式以及常见的错误拼写。需要注意的是，对于每个用关键词表达的检索要素的引入，都要结合本领域的专利文献中的表达特点来考虑其是否会影响检索的完整性，及其可能带来的噪声量的大小。在各检索结果评估或抽样调查阶段，通过对专利文献的浏览，可以留意补充一些漏选的检索关键词，或去除一些会引入大量噪声的关键词，以及积累在典型的噪声文献中频繁出现的去噪关键词，并结合技术领域以及表达的特点合理确定关键词。

（二）结合检索策略确定关键词

不同的检索策略所需要的关键词及其扩展程度不尽相同，也就是说，并非每个确定的关键词都会被用于执行检索任务。应当根据所使用的检索策略，从关键词列表中选择合适的关键词进行检索。

（三）结合数据库特点确定关键词

在不同的数据库中，对同一技术特征的关键词表达可能存在差别，或者不同的关键词表达了同一技术特征。因此，应根据数据库的标引特点进行关键词选取或表达。EPODOC、SIPOABS、DWPI、WPI等英文专利文摘库包括了来自世界上主要国家、地区或组织的专利信息，而且相当一部分内容是原申请国家的人员直接翻译的内容，其中的翻译习惯明显带有国家或地区的色彩。如日本申请和中国申请对于同一词的翻译往往有所不同，例如"槽"，中国一般将其翻译为"grove""slit""slot"，而日本申请则通常会将其翻译为"pit""ditch"等。

在全文数据库中使用关键词进行检索往具有很多的噪声，如果关键词的选取不当就难以获得相关结果，其中在全文数据库中选取关键词与专利文献数据库中选取关键词有所不同，全文库中更多地应该关注下位或具体实施方式，因此关键词的选取应该也是相对下位、具体或精确的，这样就能够在很大程度上降低噪声。

（四）基于分析统计确定关键词

可以利用专利检索系统的统计功能确定关键词。在确定某一检索主题和/或技术分支的初步检索式后，在数据库中执行该检索式，然后可以利用该数据库中的统计和排序。

此外，在各检索结果评估或抽样调查阶段，通过对专利文献的浏览，可以留意补充些漏选的检索关键词，或去除一些会引入大量噪声的关键词，以及积累在典型的噪声文献中频繁出现的除噪关键词。

（五）基于协议、标准等确定关键词

可以根据分析对象所处行业的特点结合行业标准、行业协议来确定关键词，分析技术主题及各技术分支的技术特征，搜集与这些技术特相关的标准或者协议，选择行业标准或者协议中所使用的术语作为关

键词。

(六) 关键词与临近算符、截词符的结合使用

大量的关键词、关键词组的使用可能会引入大量噪声，为了在查全检索时尽可能地抑制噪声，可以考虑使用临近算符 W、D、S、P 等与关键词词组结合使用，例如，对于 I-VI 族化合物，如果简单以"I and VI"进行检索，显然会引入大量不必要的噪声，而用"IWVI"则可以有效避免噪声的引入。此外，对于 nW 或 nD 中 n 的值，可以改变 n 来验证检索结果中引入噪声的多少，从而确定合理的 n 值。使用截词符可以使检索式简练，还可以避免遗漏关键词的某些非常规形态。例如，对于关键词的单复数、形态、美英英英表达习惯等，除了穷举关键词外，还可以通过截词符"？""#"" +"构造关键词的表达。例如，laminat + 包括了 laminate、laminated、laminating 等各种不同后缀的表单，vapo？r 则包括了关键词"蒸汽"的美式英语与英式英语表达。

(七) 关键词的补充和调整

一般而言，关键词表达具有多样性和复杂性，因此在初步进行检索时，很难确定出所有适用的关键词。在检索过程中，需要对检索结果进行多次取样阅读和评估，以完善检索式。在这个过程中，可以不断地发现和补充适用的关键词，补充的关键词可以是补充检索用的有效关键词及其扩展，也可以是补充除噪用的关键词。

根据关键词与检索结果的相关程度，可以将关键词分为显性关键词与隐性关键词。显性关键词为与技术主题明显相关且在本领域出现频次较高的词，而隐性关键词则是表面与技术主题无明显关系的关键词。分析发现，隐性关键词通常是在技术演进中随着技术广度的渗透而出现的，在摘要文献库检索过程中容易被漏掉，因为包含这类关键词的专利申请的摘要、权利要求，甚至全文中不出现显性关键词。通常而言，确定关键词时容易漏掉部分隐性关键词，因此对隐性关键词的补充尤为重要。例如：在立体影像行业专利分析时，近几年在裸眼3D 技术中出现的"液晶透镜""电可控透镜""变焦透镜"等词，围绕其所提出的专利申请的发明点大多在于对透镜技术的改进，在摘要

文献库的描述中不会体现其具体在立体影像中的应用,因此对于此类关键词需要进行补充检索。

四、申请人/发明人的确定和使用

(一)申请人/发明人的确定

专利意义上的申请人有多种类型,包括高校或研究机构、个人申请人(包括企业申请人以及各种合作申请的申请人)。对于大多数行业而言,构成产业链的主体和行业内技术研发和专利申请的主体都是企业,对于某些前沿技术、基础技术而言,申请人可能是高校或研究机构。由于某些特殊原因,某些企业的专利申请以其企业负责人个人名义申请,也有必要对某些与某企业关系密切的自然人申请人进行分析。

获知申请人的方法有以下几种:(1)利用专利检索系统的统计功能确定申请人。可以先以与分析对象密切相关的关键词或分类号进行检索,对检索结果进行申请人统计排序,以发现主要的申请人。(2)通过行业新闻、非专利文献等信息确定申请人。行业内的领军企业通常都有较强的专利意识,其专利活动也相对活跃,可以通过期刊、行业报告、专业性网站等途径获取行业内的主要公司、高校、研究机构和个人,将其确定为申请人/发明人。

(二)申请人/发明人的使用

获知申请人/发明人之后,需要对申请人/发明人的相关字段进行确定,包括申请人/发明人名称的确定、申请人类型的确定、申请所属国籍等,其中,确定申请人/发明人的名称尤为重要,因为在不同数据库中同一申请的申请人/发明人的名称、数量不尽相同,即使是同一申请人/发明人在同一数据库中的名称也存在差异。例如,夏普公司在 CPRSABS 中也存在"微尖"这一表述。如果未能考虑到这些差异,而简单地以一种表达方式对申请人/发明人进行专利布局、技术发展趋势、研发团队等分析,将会影响分析结果的准确性。因此,在专利分析的文献检索和数据处理时,应当对专利申请人的名称、类型、国籍,以及发明人名称等进行确定。

在确定申请人名称时，应当注意不同的数据库对申请人名称处理方式的不同，有时使用名称的全称，有时使用名称的简称，特别是中文数据库对外国人申请人的表示有时使用意译，有时使用音译。同样是汉字音译名，由于同音汉字的多样性，有时出现同音不同字的汉字音译名。例如，Applied Materials 在 CPRSABS 中有"应用材料公司""应用材料有限公司""应用材料股份有限公司"等表达方式；"中国科学院上海硅酸盐研究所"在 DPWI 中也有"Chinese Acad Sci Shanghai Silicate Inst""Shanghai Silicate Inst Chinese Acad Sci"等多种表达方式；BASF 公司的译名有"巴斯福""巴斯夫"等。在这些情况下，可以通过将 CPRSABS 中的检索线转库至 DWPI 数据库中，浏览其英文申请人名称的各种变形，从而确定申请人名称，也可以将 DWPI 中相关申请人的检索结果转库至 CPRSABS 中，浏览相应的中文名称的表达形式以确定申请人名称。确定尽可能多的名称的表达形式，随后可将它们作为入口进行检索。相对而言，DWPI 对申请人的规范化较为完善，它提供了一个有用的字段 CPY，即公司代码，该字段对检索大型跨国公司十分有用。DWPI 能够将集团公司及其子公司映射到同一公司代码，利用该公司代码能够更为全面地检索到该公司的申请。但是，同一申请人可能有多个公司代码，而多个不同申请人的公司代码也有可能相同，即同一个公司代码对应于不同的申请人。以 First Solar 为例，在 DWPI 中以其申请人名称为入口，可检索到约 73 项申请，但以其公司代码 FIRS-N 为入口检索，则检索到超过两千项申请，此时将以公司代码为入口的检索结果纳入补充校正的检索结果中会引入很大的噪声。因此，在使用公司代码用于确定申请人名称时，还应适当考虑结合分类号或关键词。

另外，在确定发明人名称时，要注意发明人译名的多样性和不同数据库下的不同拼写规则；还要注意重名情况，必要时用较宽范围的分类号或关键词加以限定以排除大部分的重名情况。例如，在 II-VI 族化合物薄膜太阳能电池的专利检索中，以关键词与分类号为入口的检索结果中包括 AMETEK INC 的一部分相关申请，但通过以申请人 AMETEK 为入口进行检索时，发现仍有大量相关文献未被纳入检索结果，主要归因于相关专利文摘的撰写特点甚至是文摘信息的缺失。

 知识产权信息与创新发展

第四节 专利信息检索评估及去噪

一、专利信息检索评估指标的确定

检索结果评估所使用的指标是查全率和查准率。查全率用来评估检索结果的全面性，即评价检索结果涵盖检索主题下的所有专利文献的程度；查准率用来衡量检索结果的准确性，即评价检索结果是否与检索主题密切相关。

英国学者克里维顿在 Cranfield Ⅰ 试验中首次将查全率和查准率作为信息检索系统效率的评价指标。在信息检索领域，通常意义上的查全率被定义为：R = a/（a + c）= 被检出相关文献量/总文献中所有相关文献量，其中 a 表示被检出相关文献量，c 表示在检索中漏检的相关文献数。然而，漏检文献数 c 无法客观确定，因此上述定义不适于对专利检索结果的评估，更具有操作性的专利文献集合的查全率定义如下：设 S 为待验证的待评估查全专利文献集合，P 为查全样本专利文献集合（P 集合中的每一篇文献都必须与分析的主题相关，即"有效文献"），则查全率 R 为：

R = num（P∩S）/ num（P），其中，（P∩S）表示 P 与 S 的交集，num（·）表示集合中元素的数量。

通常意义上的查准率被定义为：P = a/（a + b）= 被检出相关文献量/被检出文献总量，其中 a 表示被检出相关文献量，b 表示被检出误检文献量。为了更具有操作性，本文将专利文献集合的查准率定义如下：

设 S 为待评估专利文献集合中的抽样样本，S′为 S 中与分析主题相关的专利文献，则待验证的集合的查准率 P 为：

$$P = \frac{num(S')}{num(S)}$$

二、查全率评估方法

查全样本专利文献集合 P 的构件必须满足两个条件。

1. 必须基于完全不同于查全过程中所使用过的检索要素来构建。用于检索查全专利文献集合的检索要素与用于构建查全样本专利文献集合的检索要素之间不能存在交集，否则，将出现用子集检验全集的查全率的现象，而产生逻辑上的谬论。例如，在检索立体影像时，使用了"3D"这一关键词，则"3D"不能再用于构建查全样本专利文献集合 P。

2. 有合理的样本数。从本质上而言，查全率评估属于抽样调查，其实际上是检验一个有效文献集合的子集中有多少已经被查全专利文献集合所包含。一方面，若查全率评估样本集的样本数量过小，则不能全面反映待评估集合的全貌，将导致评估结果的失真。另一方面，若查全率评估样本过大，将带来较大的工作量，失去抽样调查的本意。因此，应当根据待评估集合的数量将样本数量控制在合理的范围内。通常，若待评估查全专利文献集合的文献量为 5000 篇以下，则查全样本专利文献集合的文献量不应小于 10。若待评估查全专利文献集合量查过 5000 篇，则查全样本专利文献集合的文献量不应少于总量的 5%。

查全率的评估至少包括：（1）初步查全结束时。当初步查全工作结束时，必须对初步查全专利文献库的查全率进行评估，该查全率是表明能否结束查全工作的依据。若此时查全率不够理想（例如不足50%），则需要继续进行查全工作，反之若达到预期的查全率，则可结束查全工作。（2）去噪过程结束时。去噪过程也被称为"查准"的过程，是对查全数据库进行去除与分析主题无关的专利文献的过程，该过程中不可避免地会误删有效文献，为了检验去噪过程中是否误删了过多的有效文献，在去噪工作结束时必须对去噪之后的专利文献集合进行查全率的评估。

三、查准率评估方法

查准率可通过对待验证的集合的抽样，统计有效文献量来评估。为了保证抽样的科学性与客观性，抽样过程应当注意以下规则：

1. 多样性和随机性。常见的抽样方法包括按年代分布抽样、按技术分支抽样、按申请人或发明人抽样、按国家地区分布抽样、随机抽样。需要注意的是，在抽样过程中要尽量避免采取单一的抽样方法，而应当采取多种抽样方法随机地抽取评估样本，以保证其客观性。

2. 足够大的样本容量。对于待评估的专利文献集合而言，其数量为 5000 篇以下，抽样数量不应少于总量的 10%，若数量超过 5000 篇，抽样数量不应少于总量的 5%。

通常需要在以下两个阶段对查准率进行评估：（1）查全工作结束时。当初步查全工作结束时，对查全专利文献集合进行查准率评估能够帮助分析人员预先判断查全专利文献集合的噪声量，以制定合理的去噪策略。（2）去噪工作预结束时。此时对查准率进行评估的目的是决定是否停止去噪工作。通常，去噪工作预结束的条件可以是文献量在可人工阅读范围内时，或去噪难度加大、去噪效率严重降低时。

值得注意的是，查准率的评估与去噪过程应紧密结合。在进行查准率评估过程中，需要进行人工阅读、筛选的过程，可同时将噪声文献去除，并且积累相应的噪声关键词和分类号用于除噪，对于文献量适中的检索结果集，如中文数据库检索结果集或部分技术分支的外文数据库检索结果集，通过查准率评估方法的使用和去噪过程，可以使查准率接近 100%。

四、数据去噪

（一）噪声源分析

1. 数据库自身特点引入的噪声。各数据库在数据加工上存在差异，因此在数据完整性、数据精度上也有所区别，也就是说，数据库可能会引入一定的噪声源。

2. 分类号带来的噪声。包括三个方面：（1）分类不准导致的噪声；（2）专利文献本身内容丰富导致其具有多个副分类号，而多个副分类号中必然会有一些并不是专利文献本身的发明点；（3）分类号版本变动时，未根据分类号对已有文献进行动态的修订和再分类。

3. 关键词带来的噪声。一个关键词通常会被多个领域共用，因此关键词必然会带来部分噪声，属于常规的噪声源。

4. 英文缩写引入的噪声。一个英文缩写可能代表不同的含义。

（二）数据去噪方式

1. 批量去噪。设 S 为目标文献库、N 为疑似噪声文献集、A 为疑似有效文献集。S 的初始化值 S_0 为查全过程中所获得的专利文献集合。

执行以下步骤：第一步，构建 N。提取构建 N 的检索要素，该检索要素可以通过抽样阅读 S 中的文献而提炼得到。例如在对立体影像行业专利分析的检索过程中，在阅读 S_0 时发现"立体声"这一关键词将带来疑似噪声文献，则可将"立体声"作为构建 N 的检索要素。第二步，S−N。将疑似噪声集合从 S 中清理出去。需要注意，N 中可能含有有效文献，因此这一清理不是最终清理，需要进行第三步。第三步，构建 A。提取构建 A 的检索要素，该检索要素可以通过阅读或抽样阅读 N 中的文献而提炼得到。例如，在针对"立体声"这一关键词的去噪过程中，在疑似噪声文献集合 N 中发现了"立体电视"相关的文献，这些文献既涉及"立体电视"同时也涉及"立体声"，其应当属于有效文献集，因此可以将"立体电视"有关的关键词作为构建疑似有效文献集合 A 的检索要素。第四步，S−S−N+N∗A，即找回被误清理的有效文献。N∗A 表示用于构建 N 的检索要素与用于构建 A 的检索要素进行 and 运算。第五步，判断是否符合收敛条件，符合收敛条件则终止检索去噪工作，否则跳转到第一步。可以以查准率或者噪声率作为收敛目标，当满足收敛条件时（例如，查准率 P＞70%）终止检索去噪工作。

上述 N∗A 的结果中尽管使用了有效检索要素 A 作为约束，但其仍然可能存在其他的噪声因素，此时需要将 N∗A 作为 N 对待，重新构建疑似噪声文献集合以及疑似有效文献集合重复进行上述步骤。批量去噪的特点是效率高，可以批量除去噪声文献，但在某些情况下准确率不高，因而可能还需要将检索除去的噪声文献进行再清理。

2. 逐篇去噪。逐篇去噪是通过人工阅读每篇文献的摘要或者全文，以发现噪声文献并予以去除。采用该方式进行去噪时的阅读文献量应当在合理范围内，否则会消耗大量的时间和精力。部分专利文献的摘要撰写得较为上位笼统，仅通过阅读摘要可能难以判定是否为有效文献，此时可能就需要浏览其全文。在某些数据库中的部分早期文献摘要缺失时，还需要参考阅读其他数据库中的摘要来帮助判断。此外，某些对原始文献数据进行过加工的数据库中的文献摘要会存在错误，此时也需要通过阅读其他数据库中的摘要或全文来帮助判断。

人工阅读去噪的特点是效率低,只能单篇地去噪,但准确率较高,一般在批量去噪之后进行。

(三) 数据去噪的手段

1. 关键词检索去噪。关键词去噪是一种直观的去噪方式。分析与检索主题不相关的噪声文献,将其作为检索要素可检索出疑似噪声文献。文献中出现频率较高的关键词或关键词组合,随着去噪的进行,可利用的噪声关键词越来越少,去噪的效率会明显降低。

2. 分类号检索去噪。统计各分类号下的噪声率,针对不同噪声率的分类号使用不同的策略进行去噪。与分析对象直接对应的主分类号的噪声率相对较小,可以不进行去噪处理。主分类号的扩展或者副分类号的噪声率相对较高,可以进行相对宽松的去噪处理。

3. 标题检索去噪。标题所能反映的信息量过于局限,一般情况下不能仅通过标题判断该文献是否为噪声文献,因此,标题去噪一般仅适用于绝对噪声的去噪。

第五章

专利信息的利用：挖掘、布局、预警

第一节 重点专利分析

一、重点专利的概念及指标

重点专利不是一个法律术语，而是学理上的一个概念，不过至今未形成一个统一的学理概念。但是分析研究发现，各学者对重点专利在某一领域的重要性，得到行业认可或关注、能产生实际或潜在经济价值、相较其他专利研发投入更高更受重视基本形成了统一的认识，为此，我们提出重点专利的概念为：在本领域某项技术上具有一定的开创性或取得重要突破，能够产生实际或潜在经济价值，得到行业认可或关注，并且研发投入大、受重视程度高的专利。

重点专利不是一个虚有名词，其认定需要符合一定的指标，目前重点专利的指标主要包括三个层面或评价角度。

（一）技术价值

此层面由5个定性因素指标和1个定量因素指标综合进行评定。每个因素指标均有其优缺点。

1. 被引频次。一般而言，被引频次较高的专利可能在产业链中所处位置较关键，可能是竞争对手不能回避的，可说明该专利对后来的技术发展影响较大。因此，被引频次可以在一定程度上反映专利在某领域研发中的基础性、引导性作用。

2. 技术标准化指数。技术标准化指数是指专利文献是否属于某技术标准的必要专利,以及该专利所涉及的标准数量、标准类别(如国家标准、行业标准等)。可以根据一项专利和行业标准的相关性确定该专利的标准属性参考值。

3. 主要申请人。行业内的主要专利申请人一般来说在本领域技术实力最强,技术发展比较成体系,其所申请的专利技术自然较为重要。但首先需要辨别和筛选出该领域的主要申请人。

4. 引用科技文献数量。通常一件专利引用的前案所分布的技术领域越宽,表明这件专利组合了更加多样化的知识,即其更具有原创性。一件专利引用大量的科技文献,则表明该专利的科学关联性较强、技术关联度较高。

5. 技术发展路线关键节点。技术发展路线中的关键节点所涉及的专利技术不仅是技术的突破点和重要改进点,也是在生产相关产品时很难绕开的技术点。但需要专业技术人员参与,画出这个行业的技术发展路线图,费时费力。

6. 主要发明人。主要发明人是对本行业发明创造做出主要贡献的自然人,是引领本领域技术进步的主要带头人。因此,主要发明人的专利技术是本行业最需关注的技术。但主要发明人申请的专利有限,不能反映本领域重要技术的全貌。

6个指标间的对比如表5-1所示。

表5-1 技术价值层面6个指标对比表

评价角度	具体指标	技术属性	精确性	查全性	可操作性	主要不足
技术价值	技术发展路线关键节点	定性	★★★★★	★★★★★	★	需要专业技术人员参与,费时费力
	技术标准化指数	定性	★★★★★	★★	★★	标准与专利之间的对应关系难以查全
	主要申请人	定性	★★★	★★★★	★★★★	需要进一步筛选

续表

评价角度	具体指标	技术属性	精确性	查全性	可操作性	主要不足
技术价值	主要发明人	定性	★★★★	★★★	★★★★	需要进一步筛选和扩展
	引用科技文献数量	定量	★★★	★★★	★★★	领域差异性较大
	被引频次	定性	★★★★	★★★★	★★★★	不利于查找近期重要专利

（二）经济价值

此层面由4个因素指标构成。（1）专利许可情况。如果一件专利被许可给多家企业，则证明该专利是生产某类产品时必须使用的专利技术，其重要性不言而喻。我国的专利技术许可信息可以到相关部门进行查询。（2）专利实施情况。毫无疑问，专利实施率越高，它对于技术发展、技术创新做出的贡献就越大。但发明专利的实施通常会有一个开发过程，而一些专利就是为了"技术圈地"。因此，没有实施的专利技术并不一定就不重要。（3）专利复审及无效。专利在复审、无效过程中需要花费大量的时间和费用。复审、无效的专利一定是得到申请人或行业重视的，其中"抵御成功"的专利的稳定性更强、价值更高。（4）专利异议及诉讼。专利异议及诉讼过程的特点同专利复审及无效相似。专利异议及诉讼过程同样需要花费大量的时间和费用。异议及诉讼的专利一定是得到申请人或行业重视的，其中"抵御成功"的专利的稳定性更强、价值更高。4个指标间的对比如表5-2所示。

表5-2 经济价值层面4个指标对比表

评价角度	具体指标	技术属性	精确性	查全性	可操作性	主要不足
经济价值	专利许可	定量	★★★★★	★★	★★★	信息较难查全
	专利实施	定量	★★★★★	★★	★★	信息较难查全

续表

评价角度	具体指标	技术属性	精确性	查全性	可操作性	主要不足
经济价值	专利复审及无效	定量	★★★★	★	★★★	重要专利较难查全；需要判断是否抵御成功
	专利异议及诉讼	定量	★★★★★	★	★★★	重要专利较难查全；需要判断是否抵御成功

（三）受重视程度

受重视程度主要有 5 个因素指标，这 5 个因素指标以政府支持指标为核心，政府指标对其他 4 个指标均产生影响。

1. 政府支持。获得政府支持的专利技术其研发自然是有经费和人力资源保障的，专利技术的重要性自然很高。例如，美国有些专利是由政府支持的，这种专利一般技术含量都较高。

2. 同族专利数量。一项发明可以在多个国家和地区申请专利保护。获得专利授权的国家的数量定义为一项专利的同族数量。同族专利数量可以作为该专利家族市场期许参考值的重要专利指标。专利家族不仅反映专利权人针对该专利的地域布局情况，也反映专利权人对该专利的后续改进情况和地域布局情况。

3. 权利要求数量。权利要求是指专利保护费的设定，在大多数国家，专利申请人需要为超过规定数量的权利要求支付额外的费用。因此，权利要求数量不仅在一定程度上反映出该专利所保护的技术方案的技术应用广度，同时也表征了申请人构建的技术方案保护梯度和保护层级。

4. 专利维持期限。指专利授权后至今所消耗的保护时间。专利维持期限的长短在某种程度上反映了该专利的重要性。一般专利年龄为 1~11 年的专利涉案率较高。

5. 专利申请时程。指专利从申请日期至公开日或授权日的时间跨度。因高关注度专利通常会遭遇竞争者的阻止获权，而专利申请人会更加谨慎地处理审查意见的答复。专利申请时程与专利权的稳定性具有一定的正相关性。

受重视程度层面5个指标间的对比如表5-3所示。

表5-3 受重视程度层面5个指标对比表

评价角度	具体指标	技术属性	精确性	查全性	可操作性	主要不足
受重视程度	同族专利数量	定量	★★★	★★	★★★★★	准确性较差
	专利维持期限	定量	★★★	★★	★★★★	精确性稍差；不利于查找近期专利
	权利要求数量	定量	★★	★★	★★★★★	精确性差；难以查全
	政府支持	定性	★★★★	★	★★★	信息较难查找，较为适合查找美国专利
	专利申请时程	定性	★	★	★★★★★	精确性差；难以查全

二、重要专利筛选及确定

重要专利筛选首先要选择专利文献样本，如果数据过多则要进行数据的初步筛选，进行初步筛选是为了减少待筛选文献的数量，通过被引证频次和同族专利成员数量两个筛选指标对原始文献进行初步筛选。如果数据数量合理适中，则下一步要利用模型进行筛选。模型筛选是结合该领域的行业和技术等特点，确定出重要专利的影响因素，利用公式来计算每个专利的重要专利值，通过重要专利值靠前的10%来获得重要专利。在进行模型筛选时要视具体情况决定是否进行特殊筛选，特殊筛选是根据一些数据指标的特点采用的个性化的筛选方法，其可以根据实际领域的情况和获取数据的情况灵活进行，以尽可能全面覆盖真正的重要专利，避免遗漏。模型筛选和特殊筛选的数据还需要经过专家最终筛选，才能成为最终的目标重要专利。专家筛选是由技术专家根据重要创新点、技术先进程度、性能提升度、市场推广可能、企业可借鉴度五个指标，并结合该专利领域的实际情况，将上述的指标进行量化。

重要专利的确定方法是为了确定重要专利，为技术借鉴和技术引进做准备。目前主流的方法有：（1）以技术主要来源国为主线，优点是查全性较好，缺点是数据量大，查准性差；（2）以主要申请人为主线，优点是查准性和查全性较好，缺点是需要准确定位主要申请人；（3）以主要发明人为主线，该方法查准性好，查全性稍差，但是需要准确定位主要发明人；（4）以重要产品为主线，优点是查准性好，缺点是查全性差；（5）以被引频次为主线，优点是查准性好，缺点是不适于近期重要专利确定；（6）以非专利文献研究热点为主线，查准性一般，查全性差。

重要专利的筛选分析可按照如下步骤进行：（1）根据检索所获得专利的各专利衡量指标，获得专利衡量指标的指标特征；（2）根据专利分析的目的，列出分析目的相关的重要专利特征要件；（3）建立专利衡量指标的指标特征和重要专利特征要件的对应关系；（4）保留存在对应关系的指标特征并计算各指标特征的权重；（5）根据保留的各指标特征及其权重建立筛选模型；（6）利用筛选模型筛选出重要专利，并对重要专利进行分析。重要度用 P 进行度量。

$$P(重要度) = \sum_{i=1}^{n}(A_i * C_i)$$

其中 Ai 表示指标特征的权重，Ci 表示指标特征，n 为指标特征个数。若 P 大于设定的边界值，则表示该专利为重要专利。

重点专利分析主要包括对重点专利进行解读、对重点专利所保护的技术方案进行分析、对主要发明点进行分析、对专利的技术特点进行评析四个方面。具体步骤包括：（1）拆分技术特征，并标出各项权利要求所包含的技术特征。（2）分析专利公开情况，解析技术方案以及应用范围。（3）对技术方案进行分析，获得专利的主要发明点。（4）根据审查历史档案，增加附加限制条件和论述。（5）根据同族专利的保护范围以及审查历史档案，增加限制条件和论述。

第五章 专利信息的利用：挖掘、布局、预警

第二节 专利布局与技术规避设计

一、专利布局的概念

专利布局有广义和狭义之分。广义的专利布局，是指对企业全部专利申请的数量、申请的领域、申请覆盖的区域和申请覆盖的年限等进行的总体布局的行为。简言之，广义的专利布局考虑的是何时在何地就何种领域申请多少专利。狭义的专利布局，是指对企业某一技术主题的专利申请进行系统筹划，以形成有效排列组合的精细布局行为。狭义的专利布局考虑的是就某一技术主题如何布置专利申请。本文所探讨的专利布局是指狭义上的专利布局。

二、专利布局方法与企业专利布局

（一）专利布局方法

1. 传统专利布局理论分析法。特定的阻绝是指仅用一个或少数几个专利来保护特定用途的发明，申请与维护成本较低，缺点是竞争者容易利用回避设计来避开专利的效力。回避设计是指专利工程师采用不同于已知的专利保护的技术方案，设计新的规格、性能、手段等，从而避开他人某项目具体专利权的保护范围。回避设计的方式有很多种，且所需经费和时间也少。成功的回避设计必须同时满足两个条件：（1）法律上的条件，要求专利侵权判定中不会被判为侵权；（2）商业上的条件，在商业竞争中不至于因成本过高而失去竞争力。

专利权拥有者想要保有竞争优势，就应该避免让竞争对手有回避设计的机会，否则该专利就容易完全失去价值。策略型专利是一个具有较大阻绝功效的专利，像是某特定产品领域所必需的技术或是路障性专利等，具有阻碍性高、无法回避设计的特点。如果没有绝佳的策略型专利，也可以形成类似于布雷区的地毯式专利布局，例如有系统地在每一步骤中用专利来形成地雷区，以阻断竞争者进入，而对强行侵入技术领域的竞争对手，可通过专利诉讼的方式将其逐出该领域。

 知识产权信息与创新发展

地毯式专利布局模式一般可用于不确定性高的新兴技术、各种研发方向都能产出结果或是专利的重要性尚未明朗化的时期,该种布局有一定条件和要求:足够的资金以及研发能量的配合,如果没有系统性的专利布局则容易演变为专利泛滥,无法发挥预期效果。为节省成本,企业或研究单位单纯地从技术的角度考虑会剔除次要的专利以降低申请和维护专利的成本,以及维持专利整体的品质。但是这些研发人员眼中的小专利或垃圾专利,有时却可能成为竞争对手的"麻烦"专利,阻碍其研发与专利权的取得。同时由于整体专利数量达到一定规模,在专利授权谈判时能拥有较大的谈判筹码。

专利围墙是利用系列式的专利形成对竞争对手研发的阻碍,例如一项与化学相关的发明,将其化学方程式、分子设计、几何形状、温度等范围的变化都申请专利保护,形成一道围墙,以防止竞争对手有任何缝隙刻意回避。当许多不同的技术解决方案都可达到类似功能的结果时,就可以考虑专利围墙的布局模式。

以各种结构和方式形成如网络版的组合式专利布局,从而强化技术保护的强度或成为谈判的有利筹码。包绕式专利布局模式就是一个可供参考的模式之一,它是以一个基础性专利包绕几个次要的应用型专利,甚至以多个包绕式专利布局形成紧密的专利网络,阻绝竞争者的研发方向。

2. 四要素理论分析法与布局分析。四要素包括技术、时间、空间、主体,下面以4个要素为分析对象,通过4个要素之间的组合关系对已有专利布局进行分析或还原,并对未来的专利布局提供参考和借鉴。

将技术要素和其他3个要素进行组合,进行二维布局分析:(1)TT分析维度(技术与时间),表现的是专利的时间分布情况,所得图表形式为专利数量随时间的分布趋势图。倒推视角——分析者能够有较为快速和直观的感受,知晓分析对象在特定时间范围内进行专利布局的密度。借鉴者视角——分析者根据自身和分析对象的关系以及所处的现实环境,也能够对于自身要实施的专利布局,在技术与时间要素的组合上迅速获得启示。(2)TS分析维度(技术与空间),表现的是专利的地域分布情况,图表形式是专利数量随地域的分布图,倒推视角——分析者能够有个较为快速和直观的感受,知晓分析对象在特定空间范围内进

第五章 专利信息的利用：挖掘、布局、预警

行专利布局的密度。借鉴者视角——分析者根据自身和分析对象的关系以及所处的现实环境，也能够对于自身要实施的专利布局，在技术与空间要素的组合上迅速获得启示。（3）TP 分析维度（技术与主体），表现的是专利的地域分布情况，图表形式是专利数量随专利申请人或专利权人分布图。倒推视角——分析者能够较为快速和直观地获悉在特定专利技术所处行业专利权人进行专利布局的密度。借鉴者视角——分析者根据自身和分析对象的关系以及所处的现实环境，也能够对于自身要实施的专利布局，在专利数量布局方面迅速获得启示。

将技术和时间、空间、主体三者中的二者进行组合，进行三维布局分析：（1）TTS 分析维度（技术、时间与空间），表现的是专利技术在时空两个维度的分布情况，图表形式为以时间、空间为横轴，专利数量为纵轴的气泡图。倒推视角——分析者能够有较为快速和直观的感受，获悉分析对象在特定市场、特定时间（段）的专利布局的密度。借鉴者视角——分析者根据自身和分析对象的关系以及所处的现实环境，也能够对于自身要实施的专利布局，在技术、空间和时间要素的组合上迅速获得启示。（2）TTP 分析维度（技术、时间与主体），表现的是专利技术在时间和专利权人两个维度的分布情况，图表形式为以时间、主体为横轴，专利数量为纵轴的气泡图。倒推视角——分析者能够有较为快速和直观的感受，获悉分析对象在特定时间（段）的专利布局密度。借鉴者视角——分析者根据自身和分析对象的关系以及所处的现实环境，也能够对于自身要实施的专利布局，在技术、时间要素的组合上迅速获得启示。（3）TSP 分析维度（技术、空间与主体），表现的是专利技术在空间和专利权人两个维度的分布情况，图表形式为以空间、主体为横轴，专利数量为纵轴的气泡图。倒推视角——分析者能够有较为快速和直观的感受，获悉分析对象在特定市场的专利布局密度。借鉴者视角——分析者根据自身和分析对象的关系以及所处的现实环境，也能够对于自身要实施的专利布局，在技术、空间要素的组合上迅速获得启示。

将技术要素和其他 3 个要素进行四要素组合，进行四维布局分析：TTSP 分析维度（技术、时间、空间和主体组合），这是较为复杂的组合情况，图表形式是以时间、空间、主体中的两者为横轴，剩余的另一个为标识，专利数量为纵轴的组合图（较为复杂的组合图形式）。倒推

视角——分析者能够有较为快速和直观的分析对象在特定市场、特定时间（段）的专利布局密度，借鉴者视角——分析者根据自身与分析对象的关系以及所处的现实环境，也能够对于自身要实施的专利布局，在技术、时间和空间要素的组合上迅速获得启示。

3. 布局力度分析法。布局力度由布局强度和布局密度两个指标衡量。布局密度就是各种专利布局策略分析方法中，那些用来表征专利布局密度程度的、能够定量化的指标的值，是定量专利分析的重要内容。例如：专利布局的时间段数量、地域数量。布局强度更多地是从定性分析的角度，综合考虑各方面因素，从而将定性的内容，通过某一统一的基准，转变为可以定量化的值，因此是定性分析的重要内容。例如：通过专利深入研究重要专利的权利要求书保护范围和合适程度、稳定性，并对其赋予可量化的值，将这些值整合，获得一个关于某个专利权人或某个领域的专利布局强度。

（二）企业专利布局：基于 TRIZ 理论的专利技术布局规范过程模型

基于 TRIZ 理论的专利技术布局规范过程模型的企业专利布局，第一步是选定系统。明确待布局产品或系统所实现的功能效果，就是明确自己所要布局的技术领域和要解决的技术问题。第二步是建立功能模型。借助反向鱼骨图工具将系统分解，并通过识别元件之间、元件与超系统之间的作用，建立系统功能模型。进行技术分解，明确技术手段和技术效果之间的关系。建立技术路线图，技术路线图可以分为公司层技术路线图和行业层技术路线图；计划层和项目层技术路线图；市场驱动的技术路线图、技术驱动的技术路线图和科学驱动的技术路线图等。一半企业需要的技术路线图是和企业要求的研究问题相互关联的，有多个层次，可以按照技术、产品和市场进行区分，研究三者之前的相互作用关系，知道产业变化，探测发展方向。第三步是专利检索。设定主题及关键字进行相关专利检索，对其进行专利趋势分析，了解该技术的专利现状。了解该技术的市场现状和产业现状，以及政府的扶持情况和相关政策现状，简而言之就是对大环境的分析。第四步是进化趋势分析。汇总专利数据，判断其技术成熟度，并根据技术发展趋势选定技术进化路线，并确定其潜力状态。这一部分是对小环境的分析，具有针对性地了解把握，为以后己方的技术布局做全面的准备。主要分为四个方面：(1) 通过专利数据分析竞争对手的技术和市场地位，进行竞争主体分析、IPC分布分析、竞争态势分析；(2) 通过专利数据分析竞争对手的技术发展过程，进行专利技术/功效矩阵分析、技术生命周期分析；(3) 通过专利数据分析竞争对手的权利要求布局，进行专利网络分析（PNA）、专利布局分析，将权利要求作为主要分析对象，制作已有技术专利的权利范围地图，规避已有专利申请；(4) 结合竞争对手的专利分布情况进行专利创造性布局，进行专利技术分析归纳和专利法律状态分析归纳。第五步是专利技术布局。由前述分析结果结合企业专利布局战略，形成多层次的专利技术布局规划。要进行早期和晚期布局；注意进行地域布局，国际化企业应考虑多国共同申请；进行专利组合保护，专利组合要进行必要专利与潜在必要专利的组合保护、基础专利和二次专利的组合保护、核心专利和外围专利的组合保护；专利、技术秘密和策略公开组合保护，要按整体和局部区分、按效益高低区分、按仿造难易区分、按创造性高低区分、按侵权判别依据是否明显区分；多种经营方式组合保护，包括专利收买、专利投资、专利回输和专利共享；专利和商标等其他资产组合保护，例如专利商标捆绑、专利商标置换、专利商标共同保护、商标接替专利保护等。

合理的专利布局可以提高企业专利的整体价值，提升企业的市场竞争力，最大限度地发挥专利武器在企业竞争中的作用。具体而言，合理的专利布局至少具有以下作用：有利于正确引导研发方向，促进理性研发，提高研发成效；有利于理性地进行专利申请，节省申请成本；有利于构建合理的专利保护网，避免零散和杂乱无章的专利申请情形的出现；有利于在保护自身的同时，削弱竞争者的优势，抑制竞争者的发展或者转移竞争者的视线。

三、专利技术规避设计

（一）专利技术规避：定义、性质及作用

专利技术规避设计是以专利侵权的判断原则为依据，通过分析已有专利，使产品的技术方案借鉴专利技术，但不落入专利保护范围的研发活动。专利技术的性质有多种学说，综合归纳为：专利技术规避设计是

一种合法的竞争手段，专利技术规避设计是技术追赶者积极可行的专利策略，专利技术规避设计本质上是一种研发活动。专利技术规避的作用主要体现在法律上不会被判定侵权；商业上不会丧失竞争优势；借鉴现有专利技术，实现低成本研发；形成自己的专利技术；更好地保护自己的知识产权。专利技术规避也存在一定的限制，主要体现在规避设计结果往往不是最佳技术方案，实施标准时对必要专利无法进行规避，兼容他人产品时较难对相关专利进行规避等。

（二）专利技术规避：策略、思路及法律风险评估

专利技术规避策略主要有：（1）适用禁止反悔原则。禁止反悔原则可以防止专利权人将其在申请过程中放弃保护的技术内容纳入权利要求的保护范围之中。（2）适用捐献原则。法院认为，说明书中公开却没有在权利要求中要求的内容视为被贡献给了公众，如采用说明书及附图中记载但未反映在权利要求书中的技术方案不落入权利要求的保护范围。（3）利用现有技术。利用本专利文件中的背景技术、引证文件进行规避设计；利用本专利解决的主要技术问题检索现有技术；利用本领域的其他现有技术实现等效替换。（4）利用全面覆盖原则。如果一个权力要求中的一个要素及其功能在本专利中没有出现，则没有构成侵权；减少（必要）技术特征；替换（必要）技术特征，这里要考虑所做的替换是否构成"等同"替换。

具体流程分产品研究、产品设计、产品上市三个阶段，每一个阶段的具体流程为：（1）产品研究阶段，确定研发提案主题→进行专利和技术检索→分析可自由实施技术→建立技术功效矩阵→确定规避设计的目标专利。（2）产品设计阶段，确定目标专利的实际保护范围→尽可能提出多种替代技术方案→评价替代技术方案的技术和市场可行性→确定优选的设计方案。（3）产品上市阶段，对所有替代方案评估是否进行专利申请→确认规避设计方案不侵权其他专利→没有适当的规避方案，对目标专利进行进一步无效分析——产品推向市场。

规避方案的具体思路为：参考目标专利说明书中在先技术的描述，参考目标专利引证的在先技术，参考目标专利未被权利要求覆盖的实施例，检索并参考与目标专利技术方案或功能、效果近似的专利或技术方案，删除目标专利权利要求的技术特征，改变目标专利权利要求的技特征，运用审查和无效过程中放弃的保护范围，运用专利侵权判定规则改变专利技术，运用现有技术，借鉴目标专利发明原理，借鉴目标专利解决的技术问题。

规避方案要进行法律风险评估，任何专利规避设计的完成必须经过法律风险评估，以降低法律诉讼的风险。重要专利规避设计的法律风险评估可以请外部专利律师或司法鉴定所出具专利不侵权报告。在中国，有资质的知识产权司法鉴定所出具的技术方案不相同的司法鉴定意见书，可作为应对竞争对手以专利侵权进行威胁的一种有效手段。在美国等国家，经外部专利律师正式评估，出具不侵权报告，认定为合法且不侵权的回避设计，可在侵权诉讼中避免恶意侵害的加重处罚。

第三节　专利挖掘

一、专利挖掘：定义、本质及具体操作

专利挖掘是指在技术研发或产品开发中，对所取得的技术成果从技术和法律层面进行剖析、整理、拆分和筛选，从而确定用以申请专利的技术创新点和方案。本质是找出能够解决一定技术问题，带来一定技术效果，且与现有技术有差别的、具有创新点的技术。基本过程包括整体谋划阶段、挖掘执行阶段和方案评估阶段三个阶段。整体谋划阶段首先分解完成任务的构成因素，然后分解各构成因素的技术要素，最后挖掘各技术要素的创新点，并完善技术方案。

挖掘执行阶段的具体步骤首先是确定专利申请的保护主题，其次是分析技术冲突/技术缺陷，再次是基于技术冲突/技术缺陷开展创新点挖掘，专利挖掘基于技术冲突/技术缺陷开展创新点挖掘是整个挖掘过程的核心，最常见的手段是凭借研发人员的研究积累或者进行头脑风暴来完成，借助TRIZ理论、技术功效矩阵、技术发展路线等手段进行专利挖掘，最后是形成技术方案，撰写技术交底书。当我们拿到一款新的研发任务的时候，我们肯定要对其任务进行分解，分解出若干个子任务，分析子任务中哪些要素会影响子任务的完成与否，那么这些要素就是子

 知识产权信息与创新发展

任务的技术要素构成。有了分解出来的技术要素之后，就要对这些技术要素进行改进，而改进过程中就会形成一些新的技术创新点。找出各技术要素的技术创新点，就会形成若干个具有技术创新点的新技术方案。

专利方案评估阶段，一是经过专利挖掘的技术方案最终是以技术交底书的形式展现的，可以说技术交底书是专利挖掘过程最为重要的输出成果。二是对于技术交底书，创新主体还需要根据专利授权的要求对其进行查新检索和提案评审。三是查新检索，目的是对所挖掘的技术方案的新颖性和创造性进行评估，根据查新检索的结果，参与专利挖掘的成员通过对现有技术的解读和分析，可以对技术方案进行修改或者调整。四是提案评审，主要是对所挖掘技术方案的保密性、合理性和技术高度进行评估，为创新主体构建有价值的专利组合打好基础。

二、专利挖掘注意事项及具体适用

对专利进行挖掘需要把握时机、注意专利挖掘主体、考虑全面性、区别重点、理清目的，最后还需要对专利挖掘成果进行评价。

把握专利挖掘时机（这是最重要的一环，基石）。专利挖掘应该与技术研发共同交叉推进，每突破一个技术问题，都要组织针对性的专利挖掘，尽量避免在全部研发工作完成之后甚至产品上市之后才进行专利挖掘。

专利挖掘主体的最佳组合应当是发明人、企业IP管理人员与专利代理人共同完成，专利来自于发明，成长于法律，活跃于市场。

全面性是一个相对的概念。进行专利挖掘，形成专利布局之后，需要确认是否有利于专利权人进行维权，获得更多梯度的赔偿的可能性，例如是否有利于选择被告，如被告的类型、专利侵权地、管辖权之类；是否有利于专利权人后期对专利技术进行成果的其他方面的转化，如专利转让、专利合作、专利许可、质押、融资，相对理想的状态是企业有非常强烈的专利保护意识，并且有比较雄厚的财力来支持。

做专利挖掘的过程中应该进行一定的取舍，也就是要区别重点。在进行专利挖掘的时候需要厘清目的，专利挖掘的目的主要有防御型、进攻型、迷惑性等。以进攻型为例，专利挖掘的目的往往不是仅仅保护技术效果最优化的技术方案，条条大路通罗马，对于某些在研发中考虑

过、能够解决的技术问题，但是在其他方面效果稍劣而不被本企业采用的技术方案，考虑到其他企业可能采用，也需要将此种技术方案整理出来，纳入保护的范畴，以使得其他企业利用这些稍劣的技术方案规避开本企业的专利保护范围。

对专利挖掘成果的评价是指对专利挖掘所形成的具有创新点的技术方案进行专利法意义上的评判。对挖掘出来的技术创新点进行检索、专利性分析，对比现有技术进行衡量，然后补充、完善，能够让我们整个专利挖掘的过程更加饱满，并且能够对这些创新点的创造性高度、形成专利后其专利权的稳定性等预先做出一个评判。

第四节 专利预警及应对中的专利分析

一、专利预警机制

专利预警机制是指组织在科研、生产、经营全过程中进行专利信息分析，对专利风险进行警示和主动防御的机制。

通过建立专利与标准预警机制，可以使企业在市场竞争中赢得主动，以应对跨国公司和发达国家企业在专利技术领域里对我国企业的挑战，避免专利纠纷的发生，规避专利侵权行为，保护知识产权。通过建立企业专利标准预警机制，可以整合各种信息资源，建立一整套信息收集、分析、发布和反馈的机制，从而加强企业应对重大涉外知识产权纠纷的能力，引导企业合理规避境外企业对国内企业的知识产权诉讼。

预警机制通过对相关信息进行收集、加工、组合、分析，能够对国外企业在中国布局的专利与标准数量、技术领域等信息进行动态监控，预警国外是专利布局的战略意图，通过判断国外企业对自己造成实质性损害及其威胁或阻碍企业发展的潜在可能性，提出应对措施以维护产业发展。

二、专利预警机制的建立

专利预警机制的建立能有效维护企业利益、规避专利风险。下面主

 知识产权信息与创新发展

要对创造研发阶段、运用阶段、保护阶段和管理阶段等几个阶段进行专利预警分析。

（一）创造研发阶段

在新技术立项阶段实施专利预警机制，可以更好地避免重复研发风险、侵权研发风险等企业风险，以及更好地制定企业发展战略。新产品立项阶段进行专利预警分析的目的主要是：弄清行业发展趋势、行业技术难题；避免重复、侵权研发。

新产品立项阶段建立专利预警机制，第一步是建立资料库，其中包括专利库、非专利文献，可能的工作量以及投入的资金比较大，要视企业自身情况而定；第二步是在资料库中，选取与本公司最相关的专利以及非专利文献，其中包括即将实施的产品中所用到的专利、产品立项，组成风险专利库；第三步是通过专利申请分析、专利类型分析、申请人类型分析、主要申请人分析等，来重点把握引进人才、引进技术、寻求合作的主体；第四步是通过技术生命周期图分析、功效矩阵图分析、技术路线图分析，分析整个行业的发展趋势以及整个行业的技术难题、技术空白点、技术热点，从而使得企业有一个比较清晰的行业前景展望，使企业可以更好地制定企业的发展战略。第五步是通过专利数据聚类分析、专利引证分析、重点专利分析，从而使得企业更好地去规避设计，以及明确专利交叉许可、专利购买、专利转让的主体。最后是通过专利的地域分布情况、专利申请时间以及技术构成分析，使得企业可以更好地去进行专利战略的布局、专利技术的规避、对专利热点的把握。

在企业的专利研发阶段实施专利预警机制，可以使企业有更加清晰、明确的目标，避免浪费人力、物力资源。重点把握本领域的重要专利、核心专利、标准专利，注重专利权属，无论是对于即将使用、引进的还是交叉许可、购买的专利，都需要了解其权属的情况，重点防止技术人员的跳槽、关键技术的缺失，注重实验日志的记录，当企业的技术秘密流失时，可以起到证明的作用。

（二）专利运管阶段

专利运营是指企业为获得或者保持市场竞争优势，运营专利制度提供的专利保护手段及专利信息，谋求获取最佳经济利益的整体性规划。

第五章 专利信息的利用：挖掘、布局、预警

在这个阶段我们应该利用专利预警来综合分析专利运营策略，进行运营主体预警分析。不同的主体的专利运营模式呈现出不同的特征，因此在分析特定对象的专利运营策略时，需要首先分析其属于哪一类专利运营主体，再了解该类企业运营主体常用的一些专利运营策略及手段。其次要进行专利来源预警分析。专利主要通过研发申请、企业并购打包购买、信托管理、从发明人处购买等途径获得，要进行专利保护情况及价值预警分析。在分析专利运营策略或者制定应对策略时，需要重点考虑专利的保护情况，以及评估专利的技术和商业价值，具体可从专利权稳定性、专利保护范围、专利保护地域、专利技术内容的角度进行分析。然后是行业特点预警分析。由于不同行业的技术特点、技术生命周期、商业模式和市场竞争情况存在差异，专利运营模式也不尽相同，因此在分析专利运营策略时，需要综合考虑所属行业、市场和技术特点。再就是收益模式预警分析。专利运营是希望通过专利来获得直接的经济利益，因此在分析专利运营策略时，需重点分析专利运营主体的收益模式。最后是运营操作手段预警分析。在分析具体专利运营事件时，需要关注运营主体的操作手段，以供后续防范或借鉴。

在权利运用阶段，专利预警能更好地对专利侵权行为进行监控，从而在专利诉讼中取得有利地位，获得合理赔偿。通过专利诉讼，采取法律手段或商业手段，可以阻碍竞争对手公司进入目标市场，从而提高本公司产品在目标市场的竞争力；通过专利诉讼，还可以获得侵权赔偿。专利诉讼还能消耗对方公司资源，用高昂的诉讼成本以及较长的诉讼周期，消耗对方公司人力物力，打压竞争对手。获取对方资讯也是专利诉讼的目的之一，通过专利侵权诉讼中的特定举证程序，获取对方不对外公开或难以收集的信息，在后续商业行为中加以利用。发起诉讼后，通过向对方客户发送警告函或者媒体宣传的方式，削弱对方的商业竞争力，也是近些年企业专利诉讼的目的之一。除此之外，进行专利诉讼还可以获得专利许可费用，通过诉讼迫使对方进行专利许可谈判，进行知识产权产品推销，获得专利许可费用。或者通过专利诉讼，巩固下游客户对公司技术能力的认知，保持订单情况及营收。

在权利运用阶段如何去建立专利预警机制，对企业来说是一个重要的课题。首先应加强系统化的企业专利战略研究和实施。树立专利预警

观念，观念更新是获取效果的前提；充分利用网络条件，建立动态专利数据库；制定企业专利战略方案，提升企业专利技术开发能力。其次应引进优秀的专利分析人员。专利分析人员不同于一般的检索人员，专利分析人员除了熟练的检索技能外，还得具有分析能力，并且要熟悉有关的专利法律法规，能够判断是否侵权等。专利分析人员要掌握专利分析的理论基础，还要掌握正确的专利分析方法。

（三）专利保护阶段

专利保护主要是对专利进行合理布局和可专利化分析，将专利的价值最大化，保护专利的权属和企业的正当利益。

专利保护阶段运用专利预警机制，一是建立有效的预警机制。一个有效的预警机制能及时地收集各种信息，及时分析并监测容易受到冲击的行业。二是完善知识产权预警数据库。一个完善的知识产权预警数据库是建立预警机制的基础，只有具备了足够完善的资料，才能在这一基础上进行详尽的分析。三是成立商业性的情报服务公司。情报服务公司都有自己的一套预警系统，帮助企业分析资料并做出预测，在很大程度上节省了企业自身的时间，避免人力资源的浪费。类似于我国企业请代理公司做知识产权顾问，这样能给企业节省人力物力。四是加强知识产权人才队伍的建设，建立高水平的预警专家队伍。知识产权人才应该是一种经过知识产权专业系统教育或培训的复合型人才，大多数需要同时具有法学、经济学和理工科等专业知识背景的人。五是建立知识产权预警系统技术和完善的资金保障体系。完善的预警技术能更准确及时地分析出所需的信息。六是制定商业秘密保护策略，把商标纳入预警机制中。商业秘密是现代企业发展中很重要的一个部分，企业应制定完善的商业秘密保护方式，而在发觉商业秘密可能被侵权的情况下，应该及时采取相应的对策防止损失扩大化。

（四）专利管理阶段

管理阶段的专利预警，是提供专利保护手段及专利信息，谋求获取最佳经济效益的总体性谋划。广义上包括从专利挖掘到收取许可费或其他收益的整个过程，狭义上仅指应用专利获权后的后期收益环节。整体可分为两大类，第一类为基于专利权许可的运营模式，包括专利池、专利联盟、专利入股、专利信托等,第二类为专利权转让的运营模式,包括企业并购中的打包转让、质押拍卖等。

与专利布局策略类似,专利管理主体在制定专利管理策略时,综合考虑多方面的因素,基本可分为六点:运营主体分析,专利来源分析,专利保护情况及价值分析,行业特点分析,收益模式分析,运营操作手段分析。

通过上述可知,我们应该通过专利突围策略分析和市场推广策略分析等,多角度、全方面、深层次地促进专利预警在管理阶段的灵活运用。

第六章
商标信息检索

第一节 商标信息概述

商标信息是商标注册、使用和管理过程中形成的具有利用、保存价值的历史信息。一般是指在商标查询中涉及的商标档案、商标公告、商标注册簿、商标注册人户卡、商标注册商品及图形国际分类索引五部分。商标信息在商标注册、使用和管理中起着重要作用，也是商标查询的重要工具。

许多国家在商标主管机构内都设有商标检索机构，为商标注册人提供商标查询服务。我国商标局设有商标检索处，其主要职责是：制作和管理商标文字、图形检索卡；商标图形要素的研究与分类；建立商标信息检索系统；商标档案的自动化；提供商标查询服务。我国商标局检索处现有两套检索系统：一是"商标注册用商品及图形国际分类检索系统"。该系统有手工式的卡片检索，建有商标文字卡片和图形卡片。按照商品国际分类从1至34类和按照服务国际分类从35至42类分别排列。该系统还可以通过计算机检索，机检系统更科学、便利，能迅速地按照分类检索所需的信息。二是"外文文字商标微机系统"。该系统用于外文文字商标的检索查询，包括对商标名称、注册号、商标所有人、商标类别和类似群、公告期等单项和综合项的查询。它可以通过商标名称或注册号查找所需商标，也可以通过企业名称查找该企业的所有商标。可以在一个商品类别里查找一个商标，也可在34个商品类别中检索该商标。在查询检索时，可按有关商标相同或近似的22个检索项目选择。

美国 DIALOG 检索系统已实现了商标的图形检索。向美国出口商品，如果商标情况不明，可以通过以下两个商标数据库进行检索调查，以免由于侵犯商标权造成经济损失。

一个是美国联邦政府注册商标库。该库收录了 80 多万条当前现行的美国商标申请（施用）和注册的记录，包括所有美国专利与商标局申请（施用）和已注册的商标。该库的内容包括流水号或注册号、商品与服务的名称、美国商品与服务分类码、国际分类号、商标所有者的名称、商标特征状况与期限以及其他有关信息。该文档为下列两类人员而设计：一类是职业的商标检索员；另一类是商人、美术师、律师或登广告者，以了解在美国专利与商标局的文件档案中是否有与其商标相同或相似的商标。该库收录各类型的产品商标或服务商标。其收录时间为 1984 年至今，每周更新，由 DIALOG 提供检索服务。

一个是美国州政府注册商标库。该库收录在全美国 50 个州与波多黎各的专利和商标局注册的商标信息，不包括公司名称注册，一般也不包括商品名称、假定与虚拟的名称。每篇记录都含有商标、注册州、美国分类号、国际分类号、商品或服务说明书、注册号、当前状况（获专利与否）及其所属公司或所有者等。很多商标在多个州和多个类别中注册了商标，因此，查某个特定商标时可能会检索出多篇记录。该库收录时间为 1986 年至今，二周更新一次，由 DIALOG 提供检索服务。该库把 88 万个商标分成只有图案、文字加图案、图案信件及文字、部分信件和文字、只有文字、只有声音六种类型。检索商标信息的入口有：商标权所有者姓名；商标名称；商标注册用商品和服务描述词、国际分类；商标图形要素国际分类及分类名。

第二节　商标本体与本质

一、商标及商业其他标记

（一）商标法中的商标与商标权

商标是一个法律概念，来源于商标法。现行《中华人民共和国商标法》第 8 条规定，任何能够将自然人、法人或者其他组织的商品与他人的商品区别开的标志，包括文字、图形、字母、数字、三维标志、颜色组合和声音等，以及上述要素的组合，均可以作为商标申请注册。这实际上是对商标做出的一个定义，即商标是指在商品或者服务之上，用于区别商品或服务提供者的一种具有显著特征的标记。在我国，这种由文字、图形、字母、数字、三维标志或颜色组合，以及上述各种要素的组合构成的标记，均为可视性标志。

商标权，是传统知识产权的三大制度之一，是商标持有人对商标所具有的垄断权利。商标权作为知识产权的一个重要类别，是财产权的一种，除了具备知识产权的基本特性外，还与财产权有着重要的联系，且随着经济与科学技术的发展，商标权在随着知识产权扩张的同时，作为一种财产权种类，自身也在进行着扩张。知识经济时代的到来，对商标权在财产权中的地位和性质有了更深入的诠释，这对我国法律朝着现代化进程的发展起到了重要的促进作用。在我国，大部分学者主张财产所有权的客体，不仅限于有形物（有形财产），而且应包括无形物（无形财产）。无形物是指"具有金钱价值而没有实体存在的财富"，智力成果属于所有权客体的范围，发明创造、注册商标也属于所有权客体的范围，但同时也有人反对将商标、发明等归入无形物的范畴，理由是发明、商标是一种精神产品，与财产权利对应的制度产品是不符的。讨论这个问题的意义在于，一旦注册商标等作为无形物纳入所有权客体的范围，商标权利的范围将扩大，那么作为商标权载体的商标，从信息研究的视角将会产生一系列的影响，例如，作为商标所承载的信息，是否可作为财产权进行认定，对商标信息的检索所形成的信息的价值和意义将发生重要变化，等等。虽然对商标权性质的认定不影响我们对商标信息检索技术的研究，但是商标信息分析研究的展开思路将会发生重大变化。

（二）与商标接近的标识

厘清商标与其他商业标记的区别与联系，对商标信息的检索、商标侵权的判定与侵权规避有着重要的作用。

1. 商标与商品名称。商品名称分为通用名称（如冰箱、电视机、烟、酒等）和特有名称（如茅台酒、冰茶、果珍等）。通用名称不能作为商标，而特有名称如符合法律规定则可注册为商标。

2. 商标与商品装潢。商品装潢，即商品包装上的装饰。它与商标的区别在于：

（1）商标专用；装潢不专用。（2）商标的目的是区别商品；装潢的目的在于美化商品，刺激消费者的需求欲望。（3）商标重在标志，不夸大商品的作用；装潢着力渲染、夸张、美化商品。（4）商标不能与商品的内容相同；装潢往往与商品内容一致（例如：不能用沙丁鱼作为鱼罐头商标，但可作为商品装潢的一部分）。

3. 商标与商号。商号即厂商名称或企业名称。通常商号只能是企业名称，不是区别商品的标记，但有些商号也被用作商标而加以注册，如"狗不理"包子铺、"张小泉"剪刀厂等。

4. 商标与域名。域名，即企业或机构在互联网上的名字或可供访问的地址，具有技术性和标识性。域名与商标的差别：（1）域名具有国际性，使用上不以商品或服务为限；商标则有地域性，且只使用在商品或服务上。（2）域名必须注册才能使用；商标采用自愿注册原则。

（三）商标注册原则

商标注册原则是指对商标注册申请人受理并最终确认商标权归属的行为依据和法律原则。根据商标法的规定，商标注册原则为：申请在先、自愿注册原则。

1. 申请在先原则。是指两个或者两个以上的申请人，在同一种商品或者类似商品上，以相同或者近似的商标申请注册的，商标局受理最先提出的商标注册申请，对在后的商标注册申请予以驳回。申请在先是根据申请人提出商标注册申请的日期来确定的，商标注册的申请日期以商标局收到申请书件的日期为准。因此应当以商标局收到申请书件的日期作为判定申请在先的标准。

相关法规细则如下：《中华人民共和国商标法》第三十一条规定，"两个或者两个以上的商标注册申请人，在同一种商品或者类似商品上，以相同或者近似的商标申请注册的，初步审定并公告申请在先的商标；同一天申请的，初步审定并公告使用在先的商标，驳回其他人的申请，不予公告。"

我国商标法在坚持申请在先原则的同时，还强调使用在先的正当

 知识产权信息与创新发展

性，防止不正当的抢注行为。《中华人民共和国商标法》第三十二条规定：申请商标注册不得损害他人现有的在先权利，也不得以不正当手段抢先注册他人已经使用并有一定影响的商标。

2. 自愿注册原则。自愿注册原则是指商标使用人是否申请商标注册取决于自己的意愿。自愿注册原则下，商标注册人对其注册商标享有专用权，受法律保护。未经注册的商标，可以在生产服务中使用，但其使用人不享有专用权，无权禁止他人在同种或类似商品上使用与其商标相同或近似的商标，但驰名商标除外。

在实行自愿注册原则的同时，我国规定了在极少数商品上使用的商标实行强制注册原则，作为对自愿注册原则的补充。目前必须使用注册商标的商品只有烟草制品，包括卷烟、雪茄烟和有包装的烟丝。使用未注册商标的烟草制品，禁止生产和销售。

二、商标的分类

（一）结构分类

1. 文字商标。是指仅用文字构成的商标，包括中国汉字和少数民族字、外国文字和阿拉伯数字或以各种不同字组合的商标。

2. 图形商标。指的是仅用图形构成的商标。其中又分为：（1）记号商标，是用某种简单符号构成图案的商标；（2）几何图形商标，是以较抽象的图形构成的商标；（3）自然图形商标，是以人物、动植物、自然风景等自然的物象为对象所构成的图形商标。

3. 字母商标。是指用拼音文字或注音符号的最小书写单位，包括拼音文字、外文字母如英文字母和拉丁字母等所构成的商标。

4. 数字商标。用阿拉伯数字、罗马数字或者是中文大写数字所构成的商标。

5. 三维标志商标。又称为立体商标，用具有长、宽、高三种度量的三维立体物标志构成的商标标志，它与我们通常所见的表现在一个平面上的商标图案不同，而是以一个立体物质形态出现，这种形态可能出现在商品的外形上，也可以表现在商品的容器或其他地方。

6. 颜色组合商标。颜色组合商标是指由两种或两种以上的彩色排列、组合而成的商标。文字、图案加彩色所构成的商标，不属颜色组合

· 118 ·

商标，只是一般的组合商标。

7. 总体组合商标。指由两种或两种以上成分结合构成的商标，也称复合商标。

8. 声音商标。以音符编成的一组音乐或以某种特殊声音作为商品或服务的商标即是声音商标。如美国一家唱片公司使用 11 个音符编成一组乐曲，把它灌制在他们所出售的录音带的开头，作为识别其商品的标志。这个公司为了保护其声音的专用权，防止他人使用、仿制而申请了注册。声音商标目前只在美国等少数国家得到承认。

9. 气味商标。气味商标是以某种特殊气味作为区别不同商品和不同服务项目的商标。目前，这种商标只在个别国家被承认是商标，在中国尚不能注册为商标。

(二) 产业分类

1. 第一类。用于工业、科学、摄影、农业、园艺和林业的化学品；未加工人造合成树脂；未加工塑料物质；肥料；灭火用合成物；淬火和焊接用制剂；保存食品用化学品；鞣料；工业用黏合剂。

2. 第二类。颜料，清漆，漆；防锈剂和木材防腐剂；着色剂；媒染剂；未加工的天然树脂；画家、装饰家、印刷商和艺术家用金属箔及金属粉。

3. 第三类。洗衣用漂白剂及其他物料；清洁、擦亮、去渍及研磨用制剂；肥皂；香料，香精油，化妆品，洗发水；牙膏。

4. 第四类。工业用油和油脂；润滑剂；吸收、润湿和粘结灰尘用合成物；燃料（包括马达用燃料）和照明材料；照明用蜡烛和灯芯。

5. 第五类。药品、医用和兽医用制剂；医用卫生制剂；医用或兽医用营养食物和物质，婴儿食品；人用和动物用膳食补充剂；膏药，绷敷材料；填塞牙孔用料，牙科用蜡；消毒剂；消灭有害动物制剂；杀真菌剂，除莠剂。

6. 第六类。普通金属及其合金；金属建筑材料；可移动金属建筑物；铁轨用金属材料；普通金属制非电气用缆线；五金具，金属小五金具；金属管；保险箱；矿石。

7. 第七类。机器和机床；马达和引擎（陆地车辆用的除外）；机器联结器和传动机件（陆地车辆用的除外）；非手动农业器具；孵化器；

 知识产权信息与创新发展

自动售货机。

8. 第八类。手工具和器具（手动的）；刀、叉和勺餐具；随身武器；剃刀。

9. 第九类。科学、航海、测量、摄影、电影、光学、衡具、量具、信号、检验（监督）、救护（营救）和教学用装置及仪器；处理、开关、传送、积累、调节或控制电的装置和仪器；录制、通信、重放声音或影像的装置；磁性数据载体，录音盘；光盘，DVD 盘和其他数字存储媒介；投币启动装置的机械结构；收银机，计算机器，数据处理装置，计算机；计算机软件；灭火设备。

10. 第十类。外科、医疗、牙科和兽医用仪器及器械，假肢，假眼和假牙；矫形用物品；缝合用材料。

11. 第十一类。照明、加热、蒸汽发生、烹饪、冷藏、干燥、通风、供水以及卫生用装置。

12. 第十二类。运载工具；陆、空、海用运载装置。

13. 第十三类。火器；军火及弹药；爆炸物；烟火。

14. 第十四类。贵重金属及其合金，首饰，宝石和半宝石；钟表和计时仪器。

15. 第十五类。乐器。

16. 第十六类。纸和纸板，不属别类的纸和纸板制品；印刷品和办公用品；装订用品；照片；文具；文具或家庭用黏合剂；艺术家用或绘画用材料；画笔；教育或教学用品；包装和打包用塑料纸、塑料膜和塑料袋。

17. 第十七类。未加工和板加工的橡胶、古塔胶、树胶、石棉、云母及这些材料的代用品；生产用成型塑料制品；包装、填充和绝缘用材料；非金属软管和非金属柔性管。

18. 第十八类。皮革和人造皮革；毛皮；行李箱和背包；雨伞和阳伞；手杖；鞭、马具和鞍具；动物用项圈。

19. 第十九类。非金属的建筑材料；建筑用非金属刚性管；柏油，沥青；可移动非金属建筑物；非金属碑。

20. 第二十类。家具，镜子，相框；不属别类的木、软木、苇、藤、柳条、角、骨、象牙、鲸骨、贝壳、琥珀、珍珠母、海泡石制品，

这些材料的代用品或塑料制品。

21. 第二十一类。家用或厨房用器具和容器；梳子和海绵；刷子（画笔除外）；制刷材料；清洁用具；钢丝绒；未加工或半加工玻璃（建筑用玻璃除外）；不属别类的玻璃器皿、瓷器和陶器。

22. 第二十二类。缆，绳，网，帐篷，遮篷，防水遮布，帆，袋和包（不属别类的）；衬垫和填充材料（橡胶或塑料除外）；纺织用纤维原料。

23. 第二十三类。纺织用纱和线。

24. 第二十四类。织物及其代替品；家庭日用纺织品；纺织品制或塑料制帘。

25. 第二十五类。服装，鞋，帽。

26. 第二十六类。花边刺绣，饰带和编带；纽扣，领钩扣，饰针和缝针；假花。

27. 第二十七类。地毯，地席，席类，油毡及其他铺地板材料；非纺织品制墙帷。

28. 第二十八类。游戏器具和玩具；体育和运动用品；圣诞树用装饰品。

29. 第二十九类。肉，鱼，家禽和野味；肉汁；腌渍、冷冻、干制及煮熟的水果和蔬菜；果冻，果酱，蜜饯；蛋；奶和奶制品；食用油和油脂。

30. 第三十类。咖啡，茶，可可和咖啡代用品；米；食用淀粉和西米；面粉和谷类制品；面包、糕点和甜食；冰制食品；糖，蜂蜜，糖浆；鲜酵母，发酵粉；食盐；芥末；醋，沙司（调味品）；辛香料；冰。

31. 第三十一类。谷物和不属别类的农业、园艺、林业产品；活动物；新鲜水果和蔬菜；种籽；草木和花卉；动物饲料；麦芽。

32. 第三十二类。啤酒，矿泉水和汽水以及其他不含酒精的饮料；水果饮料及果汁；糖浆及其他制饮料用的制剂。

33. 第三十三类。含酒精的饮料（啤酒除外）。

34. 第三十四类。烟草；烟具；火柴。

35. 第三十五类。广告；商业经营；商业管理；办公事务。

36. 第三十六类。保险；金融事务；货币事务；不动产事务。

37. 第三十七类。房屋建筑；修理；安装服务。

38. 第三十八类。电信。

39. 第三十九类。运输；商品包装和贮藏；旅行安排。

40. 第四十类。材料处理。

41. 第四十一类。教育；提供培训；娱乐；文体活动。

42. 第四十二类。科学技术服务和与之相关的研究与设计服务；工业分析与研究；计算机硬件与软件的设计与开发。

43. 第四十三类。提供食物和饮料服务；临时住宿。

44. 第四十四类。医疗服务；兽医服务；人或动物的卫生和美容服务；农业、园艺和林业服务。

45. 第四十五类。法律服务；由他人提供的为满足个人需要的私人和社会服务；为保护财产和人身安全的服务。

（三）国际分类

尼斯协定是一个有多国参加的国际公约，其全称是《商标注册用商品和服务国际分类尼斯协定》。该协定于1957年6月15日在法国南部城市尼斯签订，1961年4月8日生效。尼斯协定的成员国目前已发展到65个。我国于1994年8月9日加入了尼斯联盟。尼斯协定的宗旨是建立一个共同的商标注册用商品和服务国际分类体系，并保证其实施。目前，国际分类共包括45类，其中商品34类、服务项目11类，共包含一万多个商品和服务项目。申请人所需填报的商品及服务一般说来都在其中了。不仅所有尼斯联盟成员国都使用此分类表，而且，非尼斯联盟成员国也可以使用该分类表。所不同的是，尼斯联盟成员可以参与分类表的修订，而非成员国则无权参与。目前世界上已有130多个国家和地区采用此分类表。我国自1988年11月1日起采用国际分类，大大方便了商标申请人，更加规范了商标主管机关的管理，密切了国际间商标事务的联系。尤其是1994年我国加入尼斯协定以来，积极参与了对尼斯分类的修改与完善，已将多项有中国特色的商品加入尼斯分类中。尼斯分类表定期修订，一是增加新的商品，二是将已列入分类表的商品按照新的观点进行调整，以求商品更具有内在的统一性。尼斯分类第十版自2012年1月1日起实行。

尼斯分类表包括两部分，一部分是按照类别排列的商品和服务分类表，一部分是按照字母顺序排列的商品和服务分类表。

按照类别排列的分类表将商品和服务按照1~45类的顺序排列。每类有一个类别号和标题，每类的标题概括了本类所包含商品的特征及范围，最后列出了本类包括的所有商品或服务项目，每项商品或服务均有一个顺序号，以便查找。另外，每一类有一个注释，对本类主要包括哪些商品、本类与相关类别的商品如何区别、如何划分边缘商品的类别做了说明，这个注释对划分一些易混淆商品的类别有很大帮助。如第三类，类名为"洗衣用漂白剂及其他物料；清洁、擦亮、去渍及研磨用制剂；肥皂；香料，香精油、化妆品，洗发水；牙膏"，本类主要包括洗澡用品和化妆品。尤其包括：个人用除臭剂；化妆用卫生用品。尤其不包括：清洁烟囱用化学制品（第一类）；生产过程中用的去渍用品（第一类）；非个人用除臭剂（第五类）；磨石或手磨砂轮（第八类）。

另一部分是按字母顺序排列的商品和服务分类表。世界知识产权组织出版了按英文、法文顺序排列的商品和服务分类表。我国商标主管机关也编排印制了按汉语拼音顺序排列的商品和服务分类表。使用这个表查阅一般商品的类别就像查字典一样方便。如某一生产电视机和录像机的企业，要在这两种商品上申请商标注册，按照汉语拼音顺序，很容易就能查到这两种商品都属于第九类；又如，某一生产食品的企业要在牛奶和冰淇淋上申请商标注册，借助该表，也可以很快查到这两种商品分别属于第二十九类（牛奶）和第三十类（冰淇淋）。

三、商标注册基础

（一）注册的条件

1. 商标注册申请人的条件。自然人、法人或者其他组织对其生产、制造、加工、拣选或经销的商品或者对其提供的服务项目，需要取得商标专用权的，应当向商标局申请商标注册。

两个以上的自然人、法人或者其他组织可以共同向商标局申请注册同一商标，共同享有和行使该商标的专用权。

2. 商标构成的条件。（1）商标的必备条件，包括：第一，应当具备法定的构成要素。任何能够将自然人、法人或者其他组织的商品与他人的商品区别开来的可视性标志,包括文字、图形、字母、数字、三维标志和颜色组合,以及上述要素的组合,均可以作为商标申请注册。气味等商标不能在我国注册。第二,商标应当具有显著特征。商标的显著特征可以通过两种途径获得:一是标志本身固有的显著性特征,如立意新颖、设计独特的商标;二是通过使用获得显著特征,如直接叙述商品质量等特点的叙述性标志经过使用取得显著特征,并便于识别的,可以作为"第二含义"商标注册。另外,2013年十二届全国人大常委会第四次会议表决通过了《全国人民代表大会常务委员会关于修改〈中华人民共和国商标法〉的决定》,《商标法》修正案增加了可以注册的商标要素,规定声音可以作为商标注册。(2)商标的禁止条件,也称商标的消极要件,是指注册商标的标记不应当具有的情形:不得侵犯他人的在先权利或合法利益。主要是指不得在相同或类似商品上与已注册或申请在先的商标相同或近似;就相同或者类似商品申请注册的商标是复制、摹仿或者翻译他人未在中国注册的驰名商标,容易导致混淆的,不予注册并禁止使用;就不相同或者不相类似商品申请注册的商标是复制、摹仿或者翻译他人已经在中国注册的驰名商标,误导公众,致使该驰名商标注册人的利益可能受到损害的,不予注册并禁止使用;未经授权,代理人或者代表人以自己的名义将被代理人或者被代表人的商标进行注册,被代理人或者被代表人提出异议的,不予注册并禁止使用;不得以不正当手段抢先注册他人已经使用并有一定影响的商标;不得侵犯他人的其他在先权利,如外观设计专利权、著作权、姓名权、肖像权、商号权、特殊标志专用权、奥林匹克标志专有权、知名商品特有名称、包装、装潢专用权等。不得违反商标法禁止注册或使用某些标志的条款。《商标法》第十条、第十二条和第十六条主要从以下两方面做出了规定:第一,禁止作为商标注册或使用的标志,包括同中华人民共和国的国家名称、国旗、国徽、军旗、勋章相同或者近似的,以及同中央国家机关所在地特定地点的名称或标志性建筑物的名称、图形相同的;同外国的国家名称、国旗、国徽、军旗相同或者近似的,但该国政府同意的除外;同政府间国际组织的旗帜、徽记、名称相同或者近似的,但经该组织同意或者不易误导公众的除外;与表明实施控制、予以保证的官方标志、检验印记相同或者近似的，但经授权的除外；同"红十字""红新月"的标志、名称相同或者近似的；带有民族歧视性的；夸大宣传并带有欺骗性的；有害于社会主义道德风尚或者有其他不良影响的；县级以上行政区划名称或者公众知晓的地名，但该地名具有其他含义或者作为集体商标、证明商标组成部分的除外，已经注册的使用地名的商标继续有效；商标中有商品的地理标志，而该商品并非来源于该标志所标示的地区，误导公众的，不予注册并禁止使用，但是，已经善意取得注册的继续有效。第二，禁止作为商标注册但可以作为未注册商标或其他标志使用的标志，包括（1）仅有本商品的通用名称、图形、型号的；仅仅直接表示商品的质量、主要原料、功能、用途、重量、数量及其他特点的；缺乏显著特征的。前述所列标志经过使用取得显著特征，并便于识别的，可以作为商标注册。（2）以三维标志申请注册商标的，仅由商品自身的性质产生的形状、为获得技术效果而需有的商品形状或者使商品具有实质性价值的形状，不得注册。

（二）注册的文件

1. 以企业名称申请注册的，需提供营业执照复印件，并需在营业执照复印件上加盖公章；

2. 以个人名称申请注册的，需提供个人身份证复印件1份和个体工商户营业执照复印件，个体工商户营业执照复印件上需加盖公章；

3. 提供商标文字或图样，需要保护颜色的，还需要提供彩色图样；

4. 提供拟注册的商品/服务项目，可根据申请人自己经营的商品或提供的服务，参照《商标注册用商品和服务国际分类》（尼斯分类）第九版以及商标局根据上述国际分类表修改的《类似商品和服务区分表》来填写；

5. 提供加盖公章或签字的《商标代理委托书》，《商标代理委托书》上的地址应与营业执照上的注册地址完全一致。

（三）注册申请的审查与核准

1. 初步审定并予以公告。我国《商标法》第二十八条规定："对申请注册的商标，商标局应当自收到商标注册申请文件之日起九个月内审查完毕，符合本法有关规定的，予以初步审定公告。"所谓初步审定，

 知识产权信息与创新发展

通指申请注册的商标经商标局初步审查，认为符合《商标法》的规定，准备予以核准注册。但是，由于《商标法》规定还有群众异议阶段，该商标是否能核准注册，还须经过其他法律程序后才能最后确定。初步审定的商标，由于不是正式核准的，不享有商标专用权。但是，对初步审定的商标，要进行第一次公告。

《商标公告》是由商标局编印的官方定期刊物，是有关商标注册和商标专用权益的公开的行政通知。《商标公告》内容分为初步审定公告、注册商标公告、商标续展公告、商标变更公告、商标转让公告、商标使用许可公告、撤销和注销商标公告。商标局关于商标方面的决定，也需要刊登在《商标公告》上。

商标的初步审定公告，其内容包括商标注册申请人名字、地址、商标名称、商标图样、使用商品类别及指定商品名称、申请日期和审定编号等。初步审定公告有两个方面的作用：一是公开征求社会各方面的意见，发扬民主，有利于准确地核准商标注册，撤销那些不符合商标法规定的商标的初步审定；二是使具有在先权利的商标注册人、商标注册申请人有维护其商标权益的机会，以避免和尽可能减少商标注册后可能发生的商标权利的争端。

2. 核准商标注册。根据我国《商标法》的规定，商标局核准予以注册的商标应该是：（1）对初步审定的商标，自公告之日起3个月内，没有人提出异议的，商标局应予以核准注册，并予以公告；（2）对初步审定的商标，自公告之日起3个月内，虽有人提出异议，但经商标局审查，做出异议不能成立的裁定时，商标局应予核准注册；（3）商标评审委员会受理复审申请后，经过调查审议，认为申请人或者被异议人理由成立时，应更正商标局的决定，准予注册，并予以公告。

由于核准商标注册是承认一个商标在法律上取得专用权的根据，因此，一经核准注册的商标应将商标登记于商标注册证，并颁发商标注册证，可见，核准商标注册是商标专用权产生的关键程序。《商标法》规定，经商标局核准注册的商标为注册商标，商标注册人享有商标专用权，受法律保护。使用注册商标的，应标明"注册商标"字样或者注册标记"注"或"©"。从法律意义上说，商标注册是指商标被载入商标注册簿。商标注册簿由商标局保存，是注册商标法律效力的原始法律

3. 商标注册证。商标注册证是商标局颁发给商标注册人的法律凭证。商标注册人必须妥善保管商标注册证，不得擅自转让，不得遗失、涂改和损坏，涂改无效；如有损坏或遗失，应及时向商标局声明，并申请补发。申请补发注册证，须呈报《补发商标注册证申请书》，交商标图样五张，并缴纳规费和有关证明。如注册证损坏，须交回旧证；如注册证丢失，须登报声明，并将报纸所登声明附于申请书后面。

注册商标是经过商标局核准注册的商标，商标注册人取得商标注册证后，即可以使用带有"注册商标"或注册标记的商标了。商标上标明"注册商标"或注册标记"注"或者"©"，也是法律规定。在商品上不便标明的，应当在商品包装上或者说明书上或其他附着物上标明。

四、商标侵权判定

商标侵权行为是指违反法律的规定，在相同或者类似商品或者服务上未经商标权人的同意擅自使用与注册商标相同或者近似的标识，损害商标权人合法权益的行为。

（一）侵害商标权的表现形式

1. 造成损害后果或即将发生损害后果，即侵权行为给商标权人已经造成损害或者即将造成损害，可表现为产品销量下降、利益的减少或者商标信誉降低等。

2. 行为违法性，即行为人未经许可，也没有其他法律依据而客观上行使商标权人依法所享有的权利。

3. 损害后果与违法行为有因果关系，即损害后果是由违法行为直接造成的。

（二）认定侵害商标权的几个问题

认定条件包括：（1）伪造、擅自制造或者销售伪造、擅自制造的注册商标标识数量在二万件以上，或者非法经营数额在五万元以上，或者违法所得数额在三万元以上的；（2）伪造、擅自制造或者销售伪造、擅自制造两种以上注册商标标识数量在一万件以上，或者非法经营数额

 知识产权信息与创新发展

在三万元以上,或者违法所得数额在二万元以上的。

情节特别严重是指具有下列情形之一的,属于《刑法》第二百一十五条规定的"情节特别严重",应当以非法制造、销售非法制造的注册商标标识罪判处三年以上七年以下有期徒刑,并处罚金:(1)伪造、擅自制造或者销售伪造、擅自制造的注册商标标识数量在十万件以上,或者非法经营数额在二十五万元以上,或者违法所得数额在十五万元以上的;(2)伪造、擅自制造或者销售伪造、擅自制造两种以上注册商标标识数量在五万件以上,或者非法经营数额在十五万元以上,或者违法所得数额在十万元以上的。

第三节　商标信息检索方法

一、商标信息检索的定义

商标信息检索是指商标注册申请人亲自或委托商标代理人,通过商标在线查询有关商标申请注册情况,以了解自己准备申请注册的商标是否与他人已经注册或正在申请中的商标相同或近似的程序。申请前查询,是申请商标注册的重要步骤,其查询结果虽不具备法律效力,但它可使商标注册申请人做到心中有数,减少盲目性,降低商标注册风险,在大大减少费用开支的同时,争取更多的申请时间。

商标查询只能查询已录入数据库的商标资料,故存在空白期,或者叫盲区,一般要在商标申请4~6个月之后再做一次商标近似查询以增强商标注册成功率。

《商标法》第三十条规定:申请注册的商标,凡不符合本法有关规定或者同他人在同一种商品或者类似商品上已经注册的或者初步审定的商标相同或者近似的,由商标局驳回申请,不予公告。

所以,应当在申请之前进行查询,这样才能使该商标最大可能地获得商标证书,同时,一个注册商标从商标局受理到公告,一般需要近一年时间,如果注册的商标没有经过查询而被驳回,不仅浪费了金钱,更重要的是浪费了时间,耽误商标的使用。

商标查询有着重要的意义所在：

1. 探明注册障碍。（1）查询是否在相同或近似商品上存在已注册或已申请的相同或近似商标注册，增加商标注册成功的机率；（2）若存在相同或近似的在先注册商标，可以对准备注册的商标进行修改或调整，或者放弃提交申请。

2. 弄清商标能否安全使用。（1）通过查询商标注册情况，避免造成对他人注册商标构成侵权；（2）减少宣传广告费用损失，降低经营风险。

3. 发现抢注商标。商标抢注者有三类：一类是商标所有人的合作伙伴，如销售代理等。目的是获得或巩固自己独家代理的地位，或者向被抢注人索取高额转让费；第二类是"搭便车者"，即企图利用被抢注商标的良好商誉，有意识造成消费者误认而获取不当利益；三是商标掮客，即纯以诈取被抢注人商标转让费或许可使用费为目的抢注他人的商标，而抢注人自己并没有使用抢注商标的意图。因此，及早进行商标查询，可以及时发现商标抢注，减轻、避免及挽回损失。如果通过查询得知抢注商标尚在申请阶段，还未获得注册，就可及时在异议公告期间提出异议。

4. 了解申请进展。及时进行商标查询可以了解商标注册申请进展情况，做到商标注册与商标使用心中有数。

二、商标信息检索方法

使用"简易检索"或"进阶检索"界面。在"简易检索"界面，使用者可以从下拉式方格内选择检索方法（例如包含输入字、包含输入字首、包含输入字尾及部分相符）。"进阶检索"界面可让使用者在检索条件下输入百搭字元，以检索商标文字。两个检索界面均提供三种方式，显示检索的结果。可将选取的商标记录暂时储存在"选定项目清单"，以做参考。

（一）商标的文字检索和分类检索

在"商标文字"字段输入检索的商标，或使用进阶检索的百搭字元，寻找相同或类似的商标。

在"国际分类"或者"类似群"字段输入商标分类或者在线选择

 知识产权信息与创新发展

商标分类，寻找相同或类似的商标。

（二）图形商标的图形检索

在"商标图样编码"字段输入适当的图样编码，以检索相同或类似的商标。可选按"图样编码检索"，以选择适当的图样编码（根据世界知识产权组织"商标象形元素国际分类法"编制）。

第三节　商标检索工具

一、中国商标信息检索工具

（一）中国知识产权网

中国知识产权网的中国商标部分检索字段包括：商标公告号、商标名称、使用商品类、联系人、商标注册人、所属地区。

（二）中国商标网

中国商标网是国家工商行政管理总局商标局主办的在线查询商标注册信息的网站，免费向公众开通商标网上查询，提供商标近似查询、商标综合查询、商标状态查询服务。

在中国商标网首页点击"商标查询"进入以后，可以看到"免责声明"和"公告栏"，"免责声明"主要是告知中国商标网提供的商标查询结果，只能供参考没有法律效率，不要将结果作为商标注册成功与否的最根本标准。"公告栏"里面的内容是红字显示的，主要是提醒商标注册申请人如果当前浏览器无法进行商标查询的话，可以更换 IE 浏览器。

点击"我接受"后，进入中国商标网网上查询页面，该页面提供商标近似查询、商标综合查询和商标状态查询三项商标查询服务和一项错误信息反馈服务。

因为商标注册前我们要做的商标查询主要是近似查询，所以直接点击"商标近似查询"，进入检索界面。

商标近似查询，首先需要确定申请注册商标所属类别，即想为什么

· 130 ·

产品/服务注册商标，如果不清楚的话可以点击下面的商标分类帮助，如果已知就填写商标类别号，例如：公司是做互联网业务的就输入35；如果是服装行业的就输入25。类别一定是两位数，个位数需在前面加0。

商标类别填好以后，下面就开始选择查询方式，虽然右侧标注是有六种查询方式供选择，其实点击查询方式下拉框出现的是七种查询方式，分别是：汉字、拼音、纯拼音、英语、数字、字头（一些拼音或者英文的缩写或者首字母）、图形。

上述商标查询条件填写完成后，带*为必填项。点击"选择查询"或"自动查询"后，会出现与被查询商标相关的所有商标，包括注册成功的、申请中的和已经无效的。查询人可以逐一点击查询每个显示的商标状态。

商标局商标审查员对商标显著性、近似商标的判断以国家工商总局商标评审委员会2005年底公布的《商标审查标准》为依据。商标注册申请人自己申请商标并进行商标查询，一定要充分了解商标局内部的《商标审查标准》，将有助于判断商标近似状况，从而降低商标注册失败风险。

二、国外商标信息检索工具

（一）美国专利商标局

美国专利商标局提供商标电子查询系统。

第一步：进入网站，选择第二个选项，选择结构化查询，点击进入检索界面。

第二步：在"搜索词"栏输入要查询的商标，查询栏选择Basic Index，接下来在"搜索词"栏输入国际分类号，比如009（必须输入3位数字），查询栏选择International Class，两个条件之间用"and"进行关联。

如果想要在同一类别上查询含有空格的两个关键词，可以用"and"把两个关键词关联起来，例如："B" and "helmet"。

第三步：点击"Submit Query"提交查询，即可得到搜索结果。

美国专利商标局还可进行商标高级查询。

第一步：进入美国商标查询网站，选择第三个选项，选择高级查询，点击进入。

第二步：在"搜索栏"输入需要检索的内容，如（books or stapler）[GS] and "impossible" [BI] and "live" [LD] and "032" [IC]，或者是（mercy）[BI] and （009） [IC] and （ratings） [GS]，其中 GS 代表商标指定的商品或服务，BI 代表第一种方法讲过的 Basic Index，LD 代表商标状态有效或无效，IC 代表商标国际分类号。

更多项目的简称编码可根据需要在页面下方的表格中选择。

第三步：点击"Submit Query"提交查询，即可得到搜索结果。

（二）国际商标协会

国际商标协会，进入其界面后按照所示选择限定条件，可以查询国际注册公告。

（1）第一行：Publication Date，在下拉菜单中分别选择年份和公告期号。例如：2011 年第 47 期，公告日期为 2011 年 12 月 15 日。

（2）第二行：State/IGP，仅勾选第二项 Designated，并在下拉菜单中选择"中国"（CN），查询结果将只包含所有指定中国的国际注册公告。

（3）第三行：Summary，在下拉菜单中选择"Registrations"。

（4）最后点击"Submit"按钮，稍等数秒，页面下方即会出现选定公告期内的所有指定中国的国际注册公告。

在公告列表中点击选定商标的图样或者国际注册号以后，会显示一份载有相应商标详细信息的 PDF 文件，包括国际公告期号、公告日期、申请人名称地址、商标图样、指定使用的商品和服务列表、指定国家列表等。

第七章
知识产权信息的合理利用

第一节 专利信息与创新驱动发展

一、专利信息与创新驱动战略

（一）中国实施创新驱动战略的意义

创新驱动依靠的是自主创新，要充分发挥科技对经济社会的支撑和引领作用，大幅提高科技进步对经济的贡献率，实现经济社会全面协调可持续发展和综合国力不断提升。从国家层面来讲，实施创新驱动发展战略意义深远。

第一，实施创新驱动发展战略是提升国际竞争力的有效路径。现今国际竞争呈现出越来越激烈的态势，中国必须建设成为创新型国家，才能从容应对国际社会的变化和挑战，这也是党中央、国务院做出的事关社会主义现代化建设全局的重大战略决策。而实施创新驱动发展战略是建设创新型国家的必然要求。目前世界上公认的创新型国家有20个左右，它们有如下共同特征：研发投入占GDP的比例一般在2%以上；科技对经济增长贡献率在70%以上；对外技术依存度指标一般在30%以下。而我国科技对经济增长贡献率为39%，对外技术依存度＞40%，与创新型国家存在明显差距。虽然近年来我国科技工作取得了长足进步，但距世界主要创新型国家还有很大的差距。除此之外，世界各国纷纷强化创新战略部署，美国出台《创新战略》，从国家发展战略上重视创新，从国家发展路径上强化创新；欧盟通过《欧洲2020战略》，致力于成为最具国际竞争力的国家联合体；日本2009年就出台《数字日本创新计划》，逐步进入科学技术立国与战略调整阶段。面对世界发达国家的超前部署，中国只有进一步增强危机意识，坚定不移地实施创新驱动发展战略，才能在综合国力的竞争中抢占先机。

第二，实施创新驱动发展战略是转变经济发展方式的根本途径。中国长期依靠物质要素投入推动经济增长，经济发展方式以粗放型为主，属于由投资拉动的要素驱动阶段，科技创新对经济社会发展的贡献率偏低，生态环境的瓶颈制约非常严重。这种方式不可避免而且正在遇到资源和环境不可持续供给的极限，造成产业大多处于全球价值链低端，经济发展缺乏可持续性。从数据足以说明问题：我国天然气、石油人均占有量为世界平均水平的4%和8%，土地、耕地分别为世界平均水平的33%和40%，能源消耗量约占20.3%，人均能耗达世界平均水平，但人均GDP仅为世界平均水平的一半。2011年全国环境污染治理投资总额为6026.2亿元，占当年GDP的1.27%。总体来看，应对气候变化、粮食安全、能源安全等全球重大挑战，高投入、高消耗、高排放、低效率的发展模式难以为继，我国必须增强国家创新能力，加快经济发展方式转变，积极参与国际经济科技新秩序的重构。

第三，实施创新驱动发展战略是提升科技实力的战略选择。纵观世界各国创新发展趋势，科技是推进创新的引擎，然而我国各项科技实力指标明显落后于其他发达国家。我国基础研究投入占R&D经费的4.8%，远远低于发达国家。2005—2009年有效PCT专利中，美国、日本、德国分别占32.2%、20.4%和11.3%，我国仅占2.5%。我国2008—2012年专利实施许可合同数约占专利申请受理数的1.48%，"垃圾专利"居多。我国高技术产品出口总量世界第一，但自主品牌出口不足10%，80%以上是外贸企业的产品，其中72%是加工贸易产品，自主创新能力难以支撑经济高速发展。

中共中央、国务院出台的《中共中央国务院关于深化体制机制改革加快实施创新驱动发展战略的若干意见》，作为指导深化体制机制改革加快实施创新驱动发展战略的纲领性文件，共分9个部分30条，意见指出，到2020年，基本形成适应创新驱动发展要求的制度环境和政策法律体系，为进入创新型国家行列提供有力保障。意见要求，营造激励创新的公平竞争环境。发挥市场竞争激励创新的根本性作用，营造公平、开放、透明的市场环境，强化竞争政策和产业政策对创新的引导，促进优胜劣汰，增强市场主体创新动力。实行严格的知识产权保护制度，打破制约创新的行业垄断和市场分割，改进新技术新产品新商业模式的准入管理，健全产业技术政策和管理制度，形成要素价格倒逼创新机制。调整创新决策和组织模式，强化普惠性政策支持，促进企业真正成为技术创新决策、研发投入、科研组织和成果转化的主体。

（二）专利信息推动我国创新驱动发展战略的实施

专利信息是专利制度的产物，它是指以公报等形式向公众通报的某项发明创造在获取专利权过程中的各种信息。一般包括专利公报、专利申请文件、专利说明书、专利索引、专利分类表、专利文摘等。专利文献具有数量大、内容广、新颖、可靠、详尽、规范等特点。世界知识产权组织（WIPO）研究资料表明：世界上90%～95%的发明成果在专利文献中都有记载。目前，世界上约有90个国家和地区每年用大约30种以上的语言文字出版专利文献。据统计，全世界70%～90%的发明成果只出现在专利文献中，而不是期刊、论文、会议报告和其他文献中。参考咨询和信息咨询是专利信息最重要的两项功能，为企业技术创新资源的合理配置提供了基础。它不仅可以满足科研人员和企业技术人员对信息本身的参考需求，而且还能够通过对专利信息的集中、浓缩、重组、综合等，将浩如烟海的各类专利信息整理成对用户有用的、完整的技术方案或信息产品。因此，充分发挥和利用专利信息的这些功能，不仅可以避免低水平重复研究，而且还可以缩短研发周期，节约大量的人力、物力和财力。

专利信息对建设创新型国家的作用主要体现在以下三个方面。

1. 国家制定政策与知识产权战略的重要依据。

最新的专利信息体现出新兴技术引领者技术创新的动向。对国内外专利进行统计分析可以明确技术竞争态势，为国家确定优势技术领域、科研资金投向、技术进出口方针提供依据。

20世纪80年代以后，美国、欧盟等国家和地区逐渐认识到知识产权在经济和社会发展中的重要性，开始将知识产权工作提高到国家层面，制定了国家层面的知识产权战略，从而推动了本国科学技术的迅猛发展。日本也早在几年前就提出了知识产权立国的战略并采取了相关举措。有资料表明：目前全世界86%的研发投入、90%以上的发明创造都掌握在发达国家手中。正是基于国家长远发展的考虑，党和国家领导人审时度势，准确把握世界发展趋势，明确指出要加强知识产权保护。实施知识产权战略，加强知识产权保护，需要推进一系列工作，而其中一个重要环节，就是要鼓励企业在研发过程中学会利用以专利为主要内容的知识产权信息。

2. 创新企业健康发展的重要保证。

市场竞争实际上是知识产权的竞争。企业可以通过专利信息了解竞争对手专利布局，跟踪行业技术发展趋势，确保引进技术的质量和己方的利益，在技术输出到国际市场时避免专利纠纷，从而制定出企业发展战略，在扩大市场份额的同时使自身获得良性发展。专利信息是一笔数量巨大、内容广博的信息财富。作为科技信息系统重要组成部分的专利信息在经过系列的传递、加工、储存和转换后，可以创造出更多物质财富。在市场经济条件下，专利信息已成为企业生存发展的极其重要的资源。首先，专利信息满足了企业对生产要素的各种需求，能够使生产过程中的价值增值。企业生产是各要素合理有效配置与组合的过程，专利信息的利用使各要素的运用更趋科学化合理化，节约了成本，提高了企业的生产效率和竞争力。其次，通过分析，可以实现原始专利信息内容的量变到质变，由普通的信息上升为企业经营活动中有价值的情报，从而实现价值的增值。以电子表的发明为例，20世纪70年代，瑞士一位工程师发明了电子表技术，但并没有意识到它会引起手表工业的革命。日本人却看到了其潜在的巨大市场价值，买下该专利并投入巨资开发，从而一举登上了电子表王国的宝座。前些年，我国部分手表厂商从瑞士引进电子表技术大批量生产，却不知还有很多核心技术属于日本，产品出口后遭到了日本某公司的抗议。经有关部门检索，发现引进的技术中果然有日本专利。最后，我国厂商不得不向日本公司交付专利使用费。据统计，20世纪末全球信息业总产值达700亿美元。在全球500强企业中，90%以上企业都拥有十分完善和专业的情报系统，包括专利（专题）数据库分析系统。据统计，2002年信息情报（包括专利信息）对部分跨国企业的贡献率为：微软19%，摩托罗拉16%，IBM 14%，P&G 13%，通用电气12%，惠普12%，可口可乐10%，英特尔10%。

越来越多的事实证明，充分发挥和利用专利信息在激励科技创新、优化资源配置等方面的作用，已成为企业在国际市场上获取竞争优势的关键所在。

3. 科技创新的重要源泉。

充分利用专利信息资源，可以降低技术创新的成本，加速技术创新的进程，提高研究的起点，确定正确的研究方向，这对于中国这样一个科技资源紧缺的发展中国家来说尤为重要。一般来讲，自主创新包括3个方面：原始创新、集成创新、在技术引进的基础上消化吸收再创新。专利信息的有效利用无论在哪一种创新的过程中都是非常重要的。专利信息是发明创造的内容与其载体的统一体，发明创造从内容上涉及科学技术的各个领域。伴随着现代信息产业发展出现的网络和大型数据库，使得专利信息的获取极其方便。科研人员可以先查阅专利信息，并以此为起点通过各种认识工具认识研究对象，从而研发出新的方法、新的技术特征，最终使发明创造的效率大幅度提高。企业要生存就需要发展，要发展就必须创新。由于专利文献信息具有广泛性、专业性、及时性、公开性等特点，灵活运用专利文献信息并对其进行分析，可以迅速、及时、有效地了解现有技术的现状和本领域的研发热点，进一步掌握竞争对手的意图和策略，从而在激烈的市场竞争中获得主动。此外，专利信息还可以在收购或兼并、调整市场和产品战略、调整研发战略、进行专利贸易和投资等方面发挥较大的作用。例如，海尔集团"利用不断变化的专利文献信息，创造出万变的产品"，最终赢得了较快的发展。

二、专利信息在企业竞争中的作用

科技的发展导致企业间的竞争呈日趋激烈之态势。企业要在竞争中立于不败之地，就要具备创新能力，尤其是在技术上进行创新。专利制度的实行和企业专利工作的深入开展，是促进企业技术竞争领先的有效措施与得力手段，因此，研究分析和利用专利信息，已成为企业竞争情报工作的重要内容。

虽然专利文献只反映了发明的具体细节，但将个别、零散的专利信息进行系统的分析研究，就能从中发现市场的发展动向和规律，特别是

在判断竞争对手的市场策略方面,专利信息是一种极为重要的情报源。

(一)发现、确认竞争对手及潜在竞争对手

查阅专利信息可及时发现竞争对手的情况。

专利文献上有专利申请人、发明人、设计人的姓名。定期收集,并按各个申请人申请数量进行排序、归纳和统计,就能得出本企业竞争对手名称的一览表。

在植物新品种研究领域,查《中国专利索引》1998年下半年的分类索引,来自国外的申请较多,国内申请量和授权量排名依次是四川农科院作物研究所、安徽农科院作物研究所、江苏农科院等。农业大学只有福建农业大学和南京农业大学。1999年10月出版的《发明专利公报》显示该类申请人是南京农业大学等3个,而外国申请人只有4家。这说明国内实力较强的研究新植物及其方法的机构主要有四川农科院和南京农业大学,可列为竞争对手。我国有关机构曾研究了世界各国微波炉的专利申请情况,发现世界各国微波炉的专利技术主要集中在日本,其中松下、东芝、日立、夏普和三洋的实力较为雄厚,而松下和东芝拥有一半的专利申请,是比较强劲的对手。

各企业技术水平的高低和经济实力的强弱,在很大程度上取决于企业发明活动的活跃程度,具体表现为专利申请量以及拥有有效专利量的多少,因此,各企业提出的专利申请量和目前拥有的有效专利就成了衡量其技术水平的标准。通过对竞争对手的全部专利进行定期统计分析、分类排序,并考察其分析情况,可以从中获得竞争对手企业的技术开发及经营策略等方面的数据,由此可逐步判断出竞争对手研究开发的重点、技术政策及发展方向。通过分析竞争对手发展专利的情况,可推断其重要的技术;通过分析竞争对手专利申请与专利批准数的比例,可考察其技术的先进程度;通过分析竞争对手拥有的发展专利数量与实用新型专利数,可以判断企业技术产品开发的成熟程度;按时间顺序分析竞争对手技术的专利申请量,可推断竞争对手的技术开发方向。

(二)监测跟踪竞争对手并制定市场发展战略

通过监测竞争对手的专利信息可以推断竞争对手的市场趋势,从而

第七章　知识产权信息的合理利用

制定自己的发展战略。专利信息不仅揭示了某一专利技术的内容及法律状态，同时也反映了企业在争夺产品或技术的专利权及占领市场、战胜对手方面的意图和策略。谁掌握了技术信息谁就有可能获得专利权，进而占领市场，因此对专利情报的分析，对企业而言至关重要。对于一个企业来说，开发一项新产品和技术，并在一定的地域内和特定的时间里申请专利保护，都直接渗透着企业明确的经济目的和市场意图，因此，通过专利信息，了解竞争对手在某一段时间里申请了多少专利，申请的是什么类型和内容的专利，是在哪些国家申请的，可以间接地收集竞争对手的新产品开发策略、未来的市场开拓策略等方面的信息。20 世纪 70 年代初受到石油危机的影响，太阳能热水器的专利申请数急剧上升，在大部分的专利中都提出一种镀黑的铝合金作为吸热板的材料。从这种情况不难看出，市场上将会出现各式各样的太阳能热水器，镀黑铝合金的销售量将会增加。

随着专利工作的深入开发和国际竞争的加剧，我国的许多企业和科研机构开始注重运用专利信息进行竞争，开拓和保护国内外市场。信息产业部、中科院、中国石化集团特别注重专利战略的研究和运用，在产业政策的制定和产业发展中发挥了积极作用。中国石化集团特别重视专利战略的研究和运用工作，每天都有专利申请，并向多个国家和地区申请专利。清华大学的发明也分别向美、日、俄、德、澳等国提出申请。海尔集团由于重视专利情报工作，在 1999 年全国洗衣机出口下降的形势下，依然保持了出口上升的势头。江苏好孩子集团平均不到一天就申请一项专利，运用专利保护占据了国内和国际市场的优势。

通过某国或某一企业在某技术领域专利申请量的变化，可以发现其市场策略。在 20 世纪 70 年代初，日本通产省经过充分研究，认定国家的未来取决于电子计算机工业及其基础半导体工业。于是在 70 年代后期，日本通产省出资 1.3 亿美元，加上私人投资共 3.2 亿美元，建立客商合作的半导体研究中心，研究出 1000 多项发明，使其半导体公司在某些技术方面赶上并超过美国。

通过对专利情报的检索，可以发现某企业在某一技术领域里向哪些国家申请了专利，从而推断其进军国际市场的战略。从外国在中国申请

 知识产权信息与创新发展

专利的情况来看，一些工业发达国家纷纷来中国申请专利，将主攻方向对准了我国这个广大的市场，旨在争夺市场，控制市场。如在我国宣布长征三号火箭进入国际航天市场，可为各国提供卫星发射服务之际，美国休斯航空公司立即向中国专利局提交了4份关于卫星发射的专利申请，这显然是准备进入中国航天市场的战略行动。我国稀土矿的工业储量占世界已探明储量的80%，既是资源大国，又是生产大国和消费大国，是我国的优势工业，但近几年来，受到国外专利的强烈攻击。美国、日本、德国、荷兰等国公司在我国申请了大量的专利，使我国稀土产品在生产、出口过程中，受到外国企业的多次侵权控告，处境十分不利。

选择在哪些国家申请专利，从根本上说取决于占领市场的需要，一旦一项发明创造在国外有广泛的市场，就应向国外申请专利，如我国专家陈世杰发明的全塑船，向一些拥有较多岛屿的国家，如有"千岛之国"之称的印度尼西亚等国申请了专利，就是基于市场的考虑。随着企业专利意识的增强和开发国际市场的需要，我国企业在国外的专利申请量呈上升趋势，通过在国外取得专利权，为向这些国家出口有关产品，或在这些国家投资办厂，或为他人在这些国家使用自己的发明创造有利的条件。

（三）专利信息的综合利用

利用专利信息研究竞争对手的市场策略，应透过现象抓住本质，结合各方面的信息，进行全面的综合分析研究与利用，才能得出正确的结果。

应深入研究竞争对手在国外申请专利的意图。有时候向一国申请专利，并不是直接为了占领该国市场，而是为了在技术上控制在该国的竞争对手，使其无法生产出与自己竞争的产品，从而使自己在国际市场竞争中处于有利地位。日本为了同我国争夺国际稀土产品市场，并不是在所有的稀土产品进口国申请专利，而是向我国申请了大量的有关专利，企图从技术方面控制我国，使之不能生产出与其相抗衡的产品，达到占领国际市场的最终目的。

竞争对手在国外申请专利的数量并不是越多其市场策略就越成功，还应考虑其内在价值性和必要性。对于比较高难的发明，只要向那些有

生产能力制造的国家申请即可,而向一般的应用国家申请则是多余的。对于难度低、易仿造、应用广的技术产品,除了向生产国申请外,还应向使用国申请。

监测竞争对手的市场策略,应仔细研究其专利的数量和内容、专利的实施率、专利许可证贸易状况及专利产品的市场占有率等因素。如果竞争对手的专利申请数量多,但自己实施的不多,则表示其采取了出售专利技术或转让专利或技术储备的市场战略;当竞争对手围绕某主要技术有较多的外国专利申请时,则说明其可能采取了专利网络战略;若竞争对手向国外申请专利时,说明其将进军国际市场;当竞争对手申请的发明专利多并自己实施时,则说明其采取的是新技术产品的市场开拓策略;当企业发明申请专利极少,而实用新型专利较多时,则说明其采取的是市场追随型战略。

利用专利信息可以发现竞争对手的新产品市场。当竞争对手有与原来产品不相关的专利申请时,则预示着其有全新产品出现;当竞争对手有先进专利申请时,则表明其将会开发出较先进的产品;当竞争对手购买某一技术领域专利时,则预示其将在这一领域投资生产。企业应该通过各种途径收集相关情报,设法取得竞争对手新技术产品的有关参数,预测其可能的应用范围,为本企业采取对策做好参谋。

此外,利用专利信息还可以发现竞争对手潜在的市场。竞争对手由于某种特殊需要研制的发明专利,刚出现时,常会局限在非常狭窄的应用领域内,随着技术的完善和时间的推移,就可能扩大应用领域。应仔细研究竞争对手这些专利的实施情况,观察围绕这些专利信息是否有关联的实用新型和外观设计专利出现,结合其与其他行业、部门的联系,寻求应用的途径,从而发现这种专利潜在的市场。

最后,通过专利信息可以发现竞争对手的市场合作策略。由于现代市场竞争的加剧和社会因素的复杂多变,有时企业凭借自身的力量难以在市场上立足,需要和其他企业合作开发市场。一种形式是企业将各自拥有的专利权拿出来合作,以生产合作的形式出现;另一种形式是和其他企业共同开发专利技术,谋求市场的拓展。这时不但要观察了解竞争对手,更重要的是深入研究合作方的情况及合作的条件,做出正确的判断,制定相应的竞争策略。

（四）发挥专利信息的预警作用

中国加入 WTO 之后，在对外贸易之中我国企业碰到的技术壁垒也日渐增多，如何有效预警贸易技术壁垒、如何利用专利信息进行预警值得深思。各国相关技术法规预警的针对性很强，但是因时效性差，所以法规出台时，与之相应的专利网也已建立，此时我们再选择预警的应对措施已受到极大制约，形成被动。据有关报道，在欧盟相关法案出台前两三年，很多欧美企业就已经申请了很多专利，但我国的出口企业直到法案准备启动的前两三个月才知道这一标准。目前我们对专利的重视程度还很欠缺，专利不等同于普通技术情报，专利同时还包含法律和商业信息。技术法规往往表面上是技术限定，背后是专利支撑。如果没有专利，技术可以任意无偿使用，也就不存在技术性贸易壁垒了。我们应从国际技术贸易的宏观角度，把握专利的影响与作用，我国各行业要善于跟踪出口产品的专利信息，进行对外贸易技术壁垒的预警研究，以便尽早规避可能产生的技术性壁垒。我们一定要善于利用专利，善于利用从属专利做筹码，例如对于制药行业，我们应该跟踪国外的医药专利信息，分析哪些新化合物可能是具有市场前景的新药，抢先一步研发其新工艺、新复方、新剂型、新医疗用途，以获得该新化合物的从属专利。力争用从属专利作为筹码进行交叉许可，突破外国专利阵，换取新药的生产、销售权利。实施这一战略的关键有三点：选题准、跟进早、有创新。这三步都离不开专利信息的全面检索和系统分析。

三、充分开发利用专利信息增强企业竞争能力

专利信息在企业市场竞争中占有的重要地位是毋庸置疑的，然而，就企业的专利信息现状来看是不容乐观的。企业的专利意识淡薄，缺乏专业管理人员，专利信息基础建设设施还不完善，这对企业的发展极为不利。为求得企业的生存和发展，企业应该采取措施切实做好这项工作。

能否利用好信息资源，充分发挥专利制度的作用，在很大程度取决于企业管理人员的专利信息管理水平。因此，要通过专利法的宣传和专利知识的培训，提高企业管理人员尤其是科研人员的专利信息意识水

平。只有提高企业对专利信息的认识，强化企业管理人员和科研人员专利信息管理的紧迫感，才能把开发利用专利信息变成企业的自觉行动，才能把专利工作提高到一个新水平。

为适应专利信息载体电子化和信息传输网络化的发展趋势，要求企业配备相应的专利信息检索数据库，或者加入专利信息网络。中小企业专利工作起步晚，要主动与地方专利信息服务部门建立联系，以便满足企业的信息需求。

专利信息处理系统技术性、法律性较强，其人员素质的高低直接影响到企业的竞争力。专利信息工作人员的素质要求表现在几个方面：熟悉专利法和专利知识，具有创新能力，懂得计算机，具备信息处理和开发利用的技能，知识结构合理，具有一定的外语水平等。专利工作人员的职责是：检索、研究专利信息，处理专利纠纷，密切关注竞争对手的专利动态，严格保护企业拥有的技术秘密和商业秘密。

现代企业竞争是产品、技术的竞争，但归根结底是人才的竞争。只有把人的积极性调动起来，企业才具有强大的生命力。企业应建立专利信息激励机制，积极鼓励员工利用专利信息开展技术创新活动。对在企业开发新产品、新工艺、新设备，利用新技术，以及营销活动中，通过利用专利信息取得显著成效的要进行奖励。通过这一举措，形成良好的专利信息利用环境。

建立面对企事业单位和公众开放的专利信息咨询服务和专利信息检索平台，该平台可由查询系统、工作系统和服务系统三部分组成。查询系统包括"七国两组织"（七国包括中国、日本、美国、英国、法国、德国、瑞士等，两组织是世界知识产权组织和欧洲专利局）及多个行业（计算机、通信、航天航空、教育、生物工程及基因等）的专利检索；在工作系统中可以汇集与知识产权相关的政府部门、企业和中介服务机构，知识产权教育培训机构等；服务系统包括专利、商标、版权和技术合同申请流程、申报文本及注意事项，还包括知识产权政策法规、优惠政策及专利预警等内容。还可在服务平台设有相应专利方面的专家顾问解答疑难问题，提供深层次的专利情报分析，以及专利法律、专利技术转让等方面的咨询服务等。

第二节　失效专利的有效利用及侵权规避

一、失效专利概述

我国《专利法》中虽然没有失效专利的定义，但失效专利作为专利信息的一部分有其特殊的地位。专利具有法律性、经济性及技术性三种性质。失效专利中的"失效"就是对应于专利的法律性，即其失去了专利所含有的法律意义。因此，失效专利就是不受法律保护的专利及专利信息，或者因各种原因放弃专利权和专利申请权的专利，其中所包含的专利技术已不再受《专利法》的保护。

失效专利并不是技术失效，只是法律保护的终止，其利用价值极高，蕴含无限商机，它不受资金大小、文化程度的局限，是企业、个人选择投资、技术开发、更新产品的最佳途径，多家企业、个人充分利用失效专利低投入、高回报的特点获得成功。

科学技术是第一生产力，采用专利技术增加产品的科技含量，能使企业、个人迅速获得经济效益，但人们往往只注意了有效专利而付出巨额的转让费，却忽视了可以随意无偿使用的失效专利。失效专利是指专利权到期终止，申请人放弃或撤回专利权的技术发明，它是社会上的共同财富。我国现已公开失效的发明专利有近 21 万件，内容包罗万象，涉及各行各业，集中了国内外一些高、精、尖和短、平、快的技术和发明。特别引人注意的是，提前失效的"洋专利"数量可观，比重很高。像摩托罗拉和通用电气，1983 - 1998 年 4 月份，这两大企业各有发明专利 8307 件和 10178 件，其中"失效" 402 件和 2235 件，恢复专利权的才 66 件和 24 件。

就此，对国内国外的失效专利，企业应该重视检索，利用起来。这对一些技术开发力量和技术投入资金有限，又急于走出困境的企业而言，也许不失为一条可以无偿引进或借鉴新技术来调整产品结构的捷径，进而提高其技术开发和竞争的起点。有关调查表明，我国有些产业的技术水平比工业发达国家落后十几年，甚至几十年，有些国家为了保持领先我们15年以上，还严格限制向我国转让最先进的技术，但是，检索"公开的科技情报"——专利文献，却有助于我们的企业和科研院校研究分析国外的技术发展思路，开阔我们的视野和开发领域，抄捷径赶超上去。事实上，借此而成功者国内外不乏先例，北京大学王选教授即是其中之一。王选教授从专利文献中发现，国外研制照排机历经了手动、光学机械、阴极射线管、激光这四代照排机。他因此高起点创新，跳过前三代机型，直接从激光照排入手，在借鉴前人技术发明的基础上，创造出新的汉字激光照排系统，还及时申请了10项中外发明专利，从而跃居世界领先水平。北京嘉汇旌电子新技术有限公司的工程师柯龙瑞也是借鉴专利文献搞二次发明的"高手"，几年来，通过这一捷径，先后发明了十几项短、平、快的实用技术。他结合市场对快餐薯条的需求，参照国内国际专利文献，成功地将生产薯条的设备和添加剂研制出来，替代了只能从国外进口的添加剂，生产出的产品不但色泽、口感可以与进口薯条相媲美，而且还大大降低了成本，受到生产者的欢迎。

以上事例说明，善于从失效专利中借力实现飞跃发展，是企业提升生产力，参与世界科技竞争的捷径，企业应该借助专利文献，利用自身优势，进行自主开发和技术创新，"借鸡下蛋"是企业生存与发展的明智之举。

二、失效专利范围

失效专利包括以下情形：

1. 因超过专利的保护期而失去专利权的专利，例如发明专利权自申请日起维持满20年，实用新型或外观设计专利权自申请日起维持满10年。

2. 因某种原因提前失效的专利，它包括三种情形：专利权人未按规定缴纳年费而终止；专利无效或被撤销；专利权人自愿将其发明创造贡献于全社会，主动声明放弃专利权。

3. 专利申请未能得到授权的专利包括两方面的原因：专利本身不具有新颖性、创造性、实用性及具有其他不符合国情的情况；专利申请人放弃申请，例如专利申请人应提交完备的文件，其身份和著录格式应符合《专利法》规定，应在自申请日起若干时间内缴纳申请费、提出实质审查要求并缴纳实质审查费，应在获得授权通知书后若干时间内办理专利登记手续，否则将被视为放弃专利权而使该专利失效。

4. 未在我国申请专利权的外国专利包括两种情形：在其本国已经失效的专利；在国外申请但未在我国申请且失去优先权的专利。《专利法》规定，申请人自发明或实用新型在外国第一次提出专利申请之日起 12 个月内，或者自外观设计在外国第一次提出专利申请之日起 6 个月内，又在中国就相同主题提出专利申请的，依照该外国同中国签订的协议或者共同参加的国际条约，或者依照相互承认优先权的原则，可以享有优先权。申请专利及维持专利都需要一定的费用，所以一项新的发明创造产生后不会在所有地区申请专利，一般来讲只会在有市场前景、遏制对手等情况下才会申请多国专利。

三、失效专利利用的意义

我国企业面临技术改造的严峻挑战，引进国外技术需要大量外汇，而我国企业外汇普遍短缺，因此需要另辟蹊径，争取用少量资金、不侵权地使用国外失效专利技术。

（一）失效专利具有市场前景

失效专利只是指在法律意义上不保护其专利权人的独占权，但并不是说它在市场上没有意义。因各种原因而失效的专利若能加以利用，都可创造较好的市场效益。天津某照相机厂在 20 世纪 80 年代利用德国著名光学工业企业蔡斯公司的过期专利，结合廉价的劳动力成本优势，将其产品打入亚非拉市场，获利颇丰。镜头技术专利会过期，但光学照相机市场却没有过期，专利失效但市场犹存的例子还有很多。随着发达地区生活水平的提高，节能煤炉在当地已无市场，其专利权人自动放弃了权利，但在广大不发达地区（如中国西部）节能煤炉还是先进技术，西部企业完全可以加以推广。武汉美佳公司采用日本岛田公司未在中国申请专利保护的专利技术制造电脑绣花机，充分利用专利地域性的特点，大胆仿制，产品满足了国内市场的需求，还出口到东南亚。荷兰某大型企业拥有某项录音机专利，但错误评估了其市场需求，认为录音机产业没有大市场而主动放弃了在许多国家的专利权，日本企业抓住机会开发出各种录音机,在将产品销往全球的同时获得巨大的商业利益。总之,专利技术的法律保护失效与市场的消失并不能画等号,中国企业在感叹技术能力不足、不能占领市场时,首先应在失效专利库中搜寻,并在失效专利的基础上进一步研发,站在前人的肩膀上进步。

(二) 使用失效专利成本低廉

国际技术许可贸易中,LSLP(许可方占有接受方的利润份额,即所谓的利润分成)往往有 1/3 之多,也就是说一般技术进口方利润的 1/3 要划归专利权拥有方,而使用失效专利却不费分文,只需承担信息收集、甄别加工的成本。反之,如果不注意利用失效专利,可能会付出很大代价。上海市某高校立项研究用三元催化装置治理汽车尾气,投入大量经费和人力,经过数年攻关才获成功,但鉴定会前进行水平查询时才知道:三元催化技术 20 世纪 80 年代中期就已在国外成熟,其中大部分专利已经失效,完全不必重复研究,可以直接拿来使用。

(三) 使用失效专利有利于我国科技创新体系的建立

使用失效专利不是单个企业就能做好的工作。失效专利日积月累,数量庞大,涉及方方面面的专业知识,对其开发具有规模效应和外部效应,单个经济实体难以胜任,所以需要政府、企业、科研单位协同参与。可以说建立失效专利的开发使用体系就是建立我国科技创新工程体系的一部分,是和科技创新体系的建立同步的。使用失效专利必将有利于我国科技创新体系的建立和完善。

四、失效专利侵权的规避

(一) 失效专利无偿利用之谬论

一般来说,使用失效专利并不会有侵权的麻烦,但这里所说的侵权,是对失效的"从属专利"的侵权,对"从属专利"所依赖的"基本专利"是否构成侵权,则要具体问题具体分析。通常的观点认为对于失效专利,任何单位或个人可以无偿地使用,由此获得经济效益。专利权作为工业产权之一,是专利局授予发明人、设计人对其发明创造享有的专有权。专利权是一种财产权,具有排他性,任何单位或个人未经专利权人的许可不得实施其专利。失效专利则丧失了这种权利即失去了专利法对其的保护，任何单位或个人都可以无偿地使用。其次，任何单位或个人可以无偿地对失效专利进行改进，并得以实施。在专利许可证的贸易中，有一种方式：原发明的专利权人与改进该发明的专利权人之间需要达成协议，因为改进者是在原发明基础上进行的改进，改进者在实施中（包括自己实施与技术转让），须向原发明者支付一定的专利技术使用费。对于改进之后的新产品技术，可以根据创造性的程度，再次申请新专利，带来更多的经济效益。

（二）失效专利侵权分析

失效专利虽然不受法律保护，没有独占权利，但是在实际应用中可能会产生侵权问题，根本原因是没有确定此项权利是不是已经成为失效专利，产生这种情况的原因主要有：

1. 专利审查制度自身原因。因为专利制度本身导致的在使用失效专利时发生对其他专利侵权的可能，此类侵权的具体表现为：（1）基于"逾期不请求实质审查"所形成的失效专利，这类发明专利申请文件经初审合格，但并不意味着该申请最终必然授权，它仅仅说明该申请的内容与形式符合专利申请的条件，并不说明该申请的内容符合授权条件。这类失效专利在开发利用时，务必先进行查新，待确证无误后，才予以考虑。若稍不注意，易引起知识产权纠纷。（2）基于"被驳回的不符合专利法规定的发明专利申请"所形成的失效专利，虽然申请已通过初审，但未通过实质审查，这类失效专利的专利性（新颖性、创造性和实用性）值得怀疑，应谨慎使用。特别是被驳回所产生的失效专利，一定要真正搞清未能授权的原因再做选择利用，防止在利用过程中与有效专利出现侵权纠纷。（3）基于"专利权期满"或"专利权人未缴纳年费"所形成的失效专利，虽然这类专利技术大多比较先进，具有较高的开发利用价值，但若盲目利用也完全有发生侵权的可能。众所周知，中国专利分为发明、实用新型和外观设计。在审查过程中，对发明要进行初步审查和实质审查两个步骤，而对实用新型和外观设计只进行初步审查。所以对于实用新型专利，在授权前并没有进行过实质审查，因而也就没有经过新颖性检索，很可能某个实用新型专利与某个在先的发明或实用新型专利保护的范围是一致的或者部分一致，此后由于未缴纳年费或期满等原因此项专利权利终止了，成为失效专利。而此时，在先的实用新型或发明专利可能尚处于保护期内，因发明专利比实用新型专利长，而如果该失效专利是未缴纳年费所致，则在先的实用新型专利也有可能仍在保护期之内，这时使用该失效专利，就会造成侵权。（4）基于"专利被宣告无效"所形成的失效专利，主要是自身不符合授权条件，发明专利申请在实质审查过程中疏漏了不能授权的条件，实用新型专利申请不需进行实质审查所致，最后沦为失效专利。其中，除了部分是因申请日前在国外专利文献中公开外，有相当部分是与中国专利的在先权利相冲突，而造成的结果也就是说这项专利的失效是因为有类似的专利在它之前申请了。如果使用这类失效专利，显然会侵犯其他人的专利权。这方面是因专利的审查制度所致。（5）基于"未向中国提出申请专利的国外发明创造"和"拒不递交国外申请材料"所形成的失效专利，由于专利的地域性特点，在中国成为失效专利，并不意味着在其他国家的相关专利权也是失效状态。因此，对于那些有出口业务的企业来说，在使用该类失效专利前一定要弄清楚该技术在出口国的专利法律状态，以免产品出口到专利所辖地域，引起产权纠纷。

2. 人为设计的原因。是指专利发明人或申请人利用专利审查制度或专利法的空隙，为了保证自己的利益有意布设的失效专利陷阱，这样的专利一旦被使用，必然发生对其他专利侵权的情形。形成的原因如下：在专利法中只规定了一件发明只能授予一项专利，但并没有规定一件专利只能申请一次专利，这就为一些专利发明人或申请人提供了专利申请过程中的操作契机。具体做法是一件发明先申请一次或多次发明专利，过些日子再申请一次实用新型，顺利的话会在一年左右后，即在专利说明书公开之日前收到实用新型专利授权通知书，这个时候实用新型已经受到了保护。等到时机成熟之后再启动其中一件发明专利申请的实审程序，当有一件发明专利申请批准后，放弃该实用新型专利权，从而该实用新型专利变为失效专利，但是其保护内容已经转移到被批准的新的发明专利上来。另外，对两个权利要求书内容非常相近或几乎相同的实用新型都申报专利权，然后选其一放弃其专利权而将另一个专利权继续维持。

至于一项专利为什么既能获得实用新型专利权又能获得发明专利，

则是专利审批制度本身的原因。因为专利审批制度中，对于实用新型专利申请，专利局只进行形式审查并不进行实质审查，而形式审查一般在另一项发明专利申请公开之日以前就完成了。因此，虽然发明专利申请在先，实用新型专利的审查却根本没有去进行检索查新，自然该实用新型也就能获得专利权了，除非这项申请是早已经公开并且审查员一眼就看出这明显是现有技术。实际中，由于发明专利申请在先而审查员是不会去检索在发明专利申请日以后的专利申请文件的，因此，实用新型专利申请不会对发明专利申请的审批有障碍，发明专利在其他条件符合的情况下，自然也就能获得专利权了。

当申请人的发明专利申请多次，且他所启动的实审程序申请案不是最早申请的那一份时，由于专利法对抵触申请的一个先决条件是他人的申请，即本人的申请不构成抵触申请，因此在这项发明没有同他人重复的情况下，审查员会等到专利申请符合授予专利权的其他条件时，通知申请人进行修改或选择，这样自然就能达到多次申请之目的。

此法律设计的不足往往被一部分发明人或申请人所利用。可以在发明专利公开之前取得相应实用新型专利的保护，待发明专利审批下来后，放弃实用新型的保护，而转换为发明专利的保护，从而实现了对自己发明权的最大保护。在发明专利实审过程中，对审查员发来的意见通知书的意见进行陈述是一件非常困难的事情。若保守一点，原本属于他的权利就会失去，若胆大一点，又很可能招致一张驳回通知书。于是大多数申请人都趋向保守，而痛心地丢掉了一些成果权利。但如果他有了多次申请，就可以大胆地陈述和修改，不怕驳回。一旦真的被驳回，他还可以再启动另项申请。因为一项发明有了多次申请，就可以一次一次地要求优先权，以最大限度地保护发明的申请日。发明人或申请人最大最实惠的好处，同时也是专利发明人或申请人布设失效专利陷阱的根本目的：在他的这类失效专利中，每一个都对应一个同文专利或相近专利正处于有效期内，他以守株待兔的方式，时刻关注其失效专利的被使用情况。你一旦使用了这类失效专利就必然发生侵权事件，要么他诉诸法庭，让你吃了官司又赔偿，要么庭外和解向你高额索赔。但最终结果只有一个，就是你必须被动地理赔，其费用有可能比你购买其同文专利或相近专利还要高出许多倍。这些都是使用者没有想到也是不希望出现的

第七章 知识产权信息的合理利用

情形,但这恰恰是这些发明人和申请人设伏好的、也是他非常希望出现的情形。

3. 从属专利原因。专利虽然原则上都具有新颖性,但其创新的程度并不相同,专利与通常所说的技术本身并非完全是一一对应的关系,很多都是在原有技术基础上的改进,有的专利可能仅仅是某一技术的一个发展阶段的总结,甚至只涉及该技术中的一个小的技术点。这种情况,比较典型的就是专利业界常说的"从属专利"和"改进专利"的概念。从属专利的形式主要有:在原有的产品专利技术特征的基础上,增加了新的技术特征;在原有的产品专利技术特征的基础上,发现了原来未曾发现的用途;在原有的方法专利技术方案的基础上发现了新的未曾发现的用途。这些原有的技术就有可能是有效的专利,而从属专利或者叫改进专利一般都是从其他专利的基础上进行改造而产生的,如果原始专利仍然有效,那这些从属专利的实施需要原专利权人的认可,如果此从属专利为失效专利,不考虑专利情况擅自使用,则对原来的没有失效的原始专利产生了侵权。

4. 专利的地域性原因。专利的地域性,就是对专利权的空间限制,指在某个国家所授予的专利权,是完全独立的,只能在该国的范围内有效,对于其他国家不发生法律效力,即专利权无"域外效力"。如果专利权人希望在其他国家获得专利保护,就应当依照其他国家的法律另行提出申请,并在被授予专利权后才能使其发明得到该国的法律保护。假设某项发明在美国得到专利权,在中国没有得到专利权,那么这项发明在中国就属于失效专利,可以被中国企业免费使用。但如果将使用该技术在中国生产制造的产品销售到美国或该技术取得专利权的其他国家,就属于侵权行为。

5. 专利延期原因。专利制度在某种程度上是为了保护发明人或者申请人的利益,同时促进社会进步,所以专利制度在赋予发明人对其发明独占权的同时也规定了一定保护期限,但在实际的应用过程中,部分国外专利为了保护企业发明创造的积极性,允许对其专利进行延期,主要体现为在美国申请的药品等专利。为了补偿专利寻求行政许可的期限,美国在1984年开始实施《药品价格竞争和专利期限补偿法》第二篇。该篇延长了专利寿命,以补偿专利权人开发新产品和等待政府许可的时间，适用于保护人用药品、医疗器械、食品或者颜料添加剂的专利。

五、对失效专利利用的建议

专利失效从法律角度而言，是指已失去了法律保护的专利，但这并不等于这些专利失去使用价值，它们的技术含量和市场价值仍然很高。发达国家把失效专利作为宝贵的信息和技术资源，充分挖掘失效专利价值，再进行进一步创新。据日本人自己估算，通过引进国外专利和使用失效专利，日本掌握国外先进技术，大约节省了 2/3 的时间，以及 9/10 的研究开发费用。相比之下，失效专利库在我国备受冷落。目前，我国科研人员在科技立项前和研究过程中进行专利查询已成为常规，但大多数查询还局限于有效专利，以规避侵权。针对这一情况，建议从以下三个层次对失效专利进行开发和利用。

（一）建立专题数据库

建立具有高校特色失效专利专题数据库。高校图书馆可根据本校的重点课题和重点学科的需要，通过自建"拷贝""套录下载"等多种方式，建立若干专题的失效专利数据库，并提供网上服务，实现失效专利信息资源的共享。在建设数据库时，应注意对所检索的失效专利进行具体分析，根据专利失效的原因，筛选出其中技术比较先进的，并检索有效专利，避免侵权。

建立地方特色失效专利数据库。根据专利法及其实施细则的有关规定，专利申请文件必须公开该技术，并且要达到同行业的普通工程技术人员不经过再创造性劳动就可以重复实施该技术，生产该产品。这就是说，建立与地方产业结构相适应的专题数据库，服务地方经济，将会大受企业的欢迎。

（二）派生新的专利项目

失效专利的使用范围还不仅仅在直接应用方面，可以据此派生出新的专利项目。因为很多专利方案还需要进一步完善后才能投入生产，而按我国《专利法》有关规定，只要是对现有技术进行了改进并符合创造性、新颖性、实用性要求的发明创造，都可以申请并可能被授予专利权。所以科研人员完全可以在失效专利的基础上进行技术完善和改进，提出自己的专利申请，这是合法行为。高校可以引导大学生从失效专利信息的参考中寻找到发明灵感，对失效专利进行有效利用，提高自己的科研能力和创新能力。

（三）企业新产品开发借鉴

当前全球大多数的发明专利由少数发达国家把持，发展中国家除了部分企业有能力有成果外，大部分企业无此能力申请，只能靠仿制产品生存。随着跨国集团专利口袋的收紧，不少企业的生存空间将越来越小。对众多创新能力弱的企业而言，使用失效专利技术风险小，效益高，是一种既简便又经济的技术创新途径。因此，根据专利具有地域性的特征，无偿地使用国外先进技术是发展本国经济、加快现代化建设的最佳途径。

失效专利中尤其是未在中国授权的国外专利，即使是发达国家最新的发明专利，只要该国没有在我国注册并已丧失了申请优先权，企业就可以不出任何费用堂而皇之地进行生产和销售，只要产品不出口到国外专利所辖地域即可。即使超过保护期限看似无用的发明专利，也应具体分析。由于我国技术水平与发达国家相比有10~20年的时差，因此一些发达国家的失效专利可能正是我国适用的技术。

但这并不意味着可以单纯依据他人的专利产品说明书来开发产品，因为许多专利发明人和专利代理人在申请专利时，往往在不影响其技术方案充分公开的前提下保留技术秘密。因而在使用这类失效专利时需要分析研究，取得专利发明人的技术诀窍，切不可生搬硬套。我们开发利用的目的是对科技资源进行再利用，最大限度地节省开发时间和经费，并为企业节约巨额专利转让费。

第三节　商业标识权利冲突及解决规则

一、知识产权权利冲突原因分析

知识产权权利冲突现象近些年来势不可挡，从"金华火腿"商标纠纷、"天柱山"旅游商标纠纷、"武松打虎图"著作权纠纷到"丰谷酒王"外观设计，诸多案例，无不是因为权利的冲突所引发的纠纷。司法实践大量的案例证明知识产权权利冲突是客观真实存在的。早在1998年7月20日最高人民法院颁布的《全国知识产权审判工作座谈会纪要》中就提及权利冲突的解决办法：人民法院受理的知识产权纠纷案件或者其他民事纠纷案件，凡涉及权利冲突的，一般应当由当事人按照有关知识产权的撤销或者无效程序，请求有关授权部门先解决权利冲突问题后，再处理知识产权民事诉讼或者其他民事纠纷案件。从最高人民法院对我国知识产权民事诉讼案件的统计结果看，目前知识产权民事冲突中涉及权利冲突的案件数量呈上升趋势。知识产权权利冲突背后隐藏的是利益的冲突、价值的冲突。权利是利益的体现，利益是权利的内核，只要有利益存在，权利冲突就不可避免。曾有学者一针见血地指出，知识产权权利冲突实质上就是资源稀缺社会中市场主体对资源不相容地使用，是对有限资源的争夺。那么权利冲突是如何产生的呢？权利冲突作为一个法律现象，学术界对其进行了热烈的讨论，总结归纳各学者对权利冲突所下的定义，我们可以发现权利冲突具有如下特征：（1）所涉权利在形式上都是合法的，具备权利授权的法律要件；（2）所涉权利分属不同的主体；（3）权利冲突发生在多个权利之间。

要研究清楚权利冲突产生的原因，我们不得不进一步明确知识产权的特征，只有知识产权的特征明确了，才能有针对性地分析冲突产生的原因。学术界对知识产权特征的概念基本上形成了共识，认为知识产权的特征是所有知识产权所共有的属性，是区别于债权与物权的显著特征。但是知识产权特征具体包含了哪些方面则是众说纷纭，不过大家的共识是知识产权特征不仅限于知识产权的本质特征，还应包含一般特征，而且需具备两个基本条件：一是要能够体现知识产权的本质属性；二是相较于其他物权所独有的特征。总结学术界对知识产权特征的界定，包括：（1）无形性。知识产权的无形性特征决定了其容易被广泛复制传播，可被多人同时使用，信息的表达必须以一定的物质形式为依托，而且是一种精神财富可以永久续存。（2）法定性。知识产权不同于有形的财产，不以对物的占有实现对知识产权的控制和支配，必须通过法律的规定，经国家行政机关注册授权方能取得（我国著作权实行

第七章 知识产权信息的合理利用

自动取得原则,是否注册实行自愿原则),任何人或者机关不得在法律或者法律授权之外创设知识产权。(3)垄断性。知识产权的垄断性的典型体现就是它的对世权,或者说绝对权。权利效力决定了任何人不得干涉或者侵害权利人的权利。垄断性还体现在权利人对权利保护对象的支配权和对他人的禁止权。(4)时间性。知识产权是基于给予智力成果创造者的一定时间的排他性的垄断权利而创设的一种制度。法定保护期间内,权利人以公开换取其对智力成果的垄断。(5)地域性。知识产权的地域性特征体现在知识产权的取得和行使两个方面。知识产权取得的地域性特征决定了知识产权的取得只有在一国法域内发生效力。知识产权客体的无形性,使得信息的传播不受地域的限制,可以被多人获取、复制、利用,为了最大限度地获取信息的垄断权,获得商业利益最大化,信息所有人不得不在多个国家申请保护。知识产权行使的地域性是受知识产权取得的地域性决定的,因为特定法域只对该法域内的知识产权进行保护。此外,知识产权分地域行使不受其他地域的影响,权利人就同一或者相近信息在不同地域申请知识产权,可以在不同地域分别行使权利,不管申请的是同一类型还是不同类型的知识产权,权利的行使不产生影响。(6)保护范围不确定性。知识产权保护对象是无形的,是非物质的信息,对保护范围要按照一定的规则进行判断,判断受智力的约束,再加之主观因素的影响,不同的判断主体得出的结果可能是大相径庭的,这与立法完善与否无关,而是知识产权保护对象的无形性和权利法定性所决定的。譬如商标是否近似,专利是否实质相同,著作权是否类似,等等。

明确了知识产权的特征和权利冲突的实质原因,在此基础上笔者将进一步讨论研究权利冲突产生的具体原因。对知识产权权利冲突产生的原因,学术界争论颇多,各家从不同的角度进行了分类,有学者将产生原因分为法理原因和现实原因两大类,其中法理原因为知识产权体系化、权利意识勃兴、多元化法价值差异性、单行法立法模式、主管行政机关分散等。还有学者认为知识产权权利冲突的原因就是权力边界的模糊、立法的不统一、经济利益的驱动。还有学者提出了六原因和三原因之说。以上对知识产权权利冲突的原因分析都是比较深刻的,只是从不同的视角以不同的分类方法进行了揭示。每一项权利的产生都是对应主体、客体、权利内容与权利产生的具体制度的，因此笔者认为可从这个视角对权利冲突产生的原因进行分类，这与谢湘辉律师的观点不谋而合。

二、商业标识权利冲突的基础

就商标、企业名称（商号）和域名之类的商业标识而言，其相互之间既有共同之处，又有区别。从权利的角度看，这些商业标识分别产生不同的权利，这些权利的性质不同，所以应当有其应有的边界。例如，商标与企业名称具有不同的识别作用，商标权与企业名称权为不同的民事权利或者知识产权，在通常情况下两者之间可以"井水不犯河水"，即使商标与企业名称（字号）使用了相同的文字，也可以和平共处。

但是，这些商业标识毕竟都是属于商业标识的范畴，从更高一个层次或者更深一层含义上看，它们同属于在商业上使用的标识，所以有相互交叉而产生冲突的客观基础。因不正当的使用等行为也可能侵入他人商业标识的权利范围。例如，因突出使用与他人注册商标文字相同或者近似的字号而造成市场混淆的，该字号的使用行为即进入了他人商标权的范围，可以构成商标侵权。虽然没有突出使用字号，但将他人具有一定知名度的商标的文字作为企业名称字号注册和使用，容易引起市场混淆的，同样可以构成不正当竞争。前面一种行为之所以构成商标侵权，乃是因为这种行为已超出了企业名称的正常使用范围，实质上是将企业名称字号用作商标，也即突出使用的结果是使字号具有了商标的意义，当然可以按照商标侵权论处；后面一种行为仍然属于使用企业名称的行为，仍然未脱离企业名称权的行使范围，只是这种行为因具有不正当竞争性，而仍然可以构成不正当竞争行为。这些都是属于直接的权利冲突。

除商业标识之间的冲突以外，商业标识与著作权、外观设计专利权等其他知识产权也具有联结点，因而仍然可以产生冲突。例如，商标使用的文字、图形等可以构成著作权、外观设计专利权的客体，在同一客体之上存在不同的权利和权利主体时，就会产生冲突。

综上所述，涉及商业标识的知识产权之间之所以会产生冲突，是因为它们之间具有共同的、类似的或者具有联系的权利客体，在权利的存在或者行使上可能发生抵触或者具有不相容性。如孟德斯鸠所说，自由仅仅是一个人能够做他应该做的事情，自由是做法律所许可的一切事情的权利，如果一个公民能够做法律所禁止的事情，他就不再有自由了，因为其他的人也同样会有这个权利。在知识产权权利的冲突中，有些行为有合法的权利形式或者表现为行使权利的行为，但若权利的行使行为超越界限或者构成滥用，此时就不再有行使权利的自由，本质上不再是权利行使行为，而需要对其行为进行强制约束。权利冲突解决的本质往往就在于此。

三、商业标识权利冲突的类型

（一）类型和范围的法律依据

对于涉及商业标识的知识产权权利冲突的类型和范围，有关法律、司法解释和司法政策均有明确的规定和要求。

《商标法》第九条规定的申请注册商标"不得与他人在先取得的合法权利相冲突"，第三十二条规定的"申请注册商标不得损害他人现有的在先权利"及《专利法》第二十三条规定的授予专利权的外观设计"不得与他人在先取得的合法权利相冲突"，既涉及商业标识之间的权利冲突，又涉及商业标识与其他权利的冲突。最高人民法院《关于全国部分法院知识产权审判工作座谈会纪要》（法［1998］65号）曾将知识产权权利冲突划分为同一类型权利的冲突与不同类型权利的冲突两种类型，如"近年来，人民法院在审理知识产权民事纠纷案件中，权利冲突的案件时有发生，主要表现为（1）同一类型权利的冲突，如发明、实用新型及外观设计专利权之间的冲突；（2）不同类型权利的冲突，如外观设计专利权与商标权发生冲突，或商标权与著作权发生冲突，或商标权与在先使用的商品的特有的名称、包装、装潢权利发生冲突，或商标权与企业名称权发生冲突等"，涉及商业标识的权利冲突包括商业标识之间的权利冲突，以及商业标识与其他民事权利之间的冲突。

最高人民法院《关于审理注册商标、企业名称与在先权利冲突的民事纠纷案件若干问题的规定》（法释［2008］3号，2008年2月18

日最高人民法院审判委员会第 1444 次会议通过）既涉及注册商标与企业名称等商业标识之间的权利冲突，又涉及注册商标与著作权、外观设计专利权等其他民事权利之间的冲突。

商业标识之间的冲突属于知识产权权利冲突中比较突出的问题，其基本特征是：第一，权利的客体相同或者近似，都具有商业标识意义。商业标识之间之所以能够产生冲突，就是因为作为其权利客体的文字或者图形等标识本身具有客观上的相同性或者近似性，这是产生冲突的客观基础。如果不存在权利客体的相同或者近似，也就不可能产生商业标识的权利冲突。例如，国家工商行政管理局《关于解决商标与企业名称中若干问题的意见》（工商标字［1999］第 81 号）第三条指出："商标是区别不同商品或者服务来源的标志，由文字、图形或者其组合构成；企业名称是区别不同市场主体的标志，由行政区划、字号、行业或者经营特点、组织形式构成，其中字号是区别不同企业的主要标志。"其第四条规定："商标中的文字和企业名称中的字号相同或者近似，使他人对市场主体及其商品或者服务的来源产生混淆（包括混淆的可能性），从而构成不正当竞争的，应当依法予以制止。"可见，商标与字号的相同或者近似是认定商标与企业名称发生冲突的基础。第二，可能都具有相应的权利来源。通常情况下，发生冲突的商业标识都有其各自的权利来源，至少形式上都是合法的。就其权利来源来说，有两种不同情况：一是不同类别的商业标识权利冲突的情形，各自的商业标识权利分属于不同的法律调整，也即赋予该权利的法律是不同的。尽管发生冲突的标识在客观上（或者说在自然属性上）具有相同或者近似性，但又具有不同的权利，分别受不同的法律调整。例如，商品的包装、装潢（未注册商标）受《反不正当竞争法》第六条第（一）项的保护，而相同或者近似的包装、装潢获取外观设计专利时，又产生了专利权，受《专利法》的保护。二是同类权利相互冲突的现象，如注册商标之间的冲突、企业名称之间的冲突。这种冲突既可能是由于授权的地域性造成的（如企业名称实行分级管理），又可能是在授权后的使用过程中发生的，如在后的注册商标与在先的注册商标在使用过程中产生市场混淆。第三，权利之间具有不相容性。商业标识相同或者近似的结果往往足以产生市场混淆。如果不足以产生市场混淆，同样不存在冲突问题。换言之，相同或者近似的商业标识分属于不同的权利主体，标识着不同的权利主体所提供的商品或者服务，而在市场上又造成或者足以造成商品（服务）及其提供者之间的来源或者关联关系的混淆。这种市场后果决定了其不能在市场上共存，否则会损害特定的权利主体或者误导消费者。正是为了消除这种后果，才需要确立解决这种冲突的规则。

（二）商业标识之间的权利冲突

商业标识的种类是多种多样的，其获取权利的途径又是不同的，可能受不同法律的调整。例如，注册商标、企业名称中的字号与商品的特有名称可能使用相同或者近似的文字，但分别属于不同法律调整的权利客体。商业标识的冲突大体上就是相同或者近似的商业标识因相互混淆或者构成侵权而产生的抵触。

（三）商业标识与其他民事权利的冲突

商业标识与其他民事权利之间也会产生冲突。如注册商标可能与他人的著作权产生冲突。这类权利冲突属于虽不产生市场混淆，但侵犯他人智力成果的情形。

四、解决知识产权权利冲突的基本原则

对于解决知识产权权利冲突的原则，理论界和实务界已进行了较多的探讨，既形成了一些共识，又有不同的归纳和歧见。例如，笔者曾在以前的著述中将这些规则归纳为在先原则、权利合法原则、知名度原则和制止不正当竞争原则。最高人民法院有关知识产权权利冲突的司法解释稿曾将这些原则归纳为保护在先权利、诚实信用和公平竞争。审判实践中也有大同小异的各种说法，如有的法院归纳为保护在先权利和禁止混淆原则；有的法院归纳为应当遵循诚实信用原则、保护在先取得的合法权利原则。

司法实践中已经对解决冲突的原则进行过权威性的总结和归纳。例如，最高人民法院《关于全国部分法院知识产权审判工作座谈会纪要》在"知识产权权利冲突的处理原则"中指出："如何解决权利冲突，公正保护知识产权所有人的合法权益？与会同志认为，人民法院受理的知识产权纠纷案件或者其他民事纠纷案件中，凡涉及权利冲突的，一般应

 知识产权信息与创新发展

当由当事人按照有关知识产权的撤销或者无效程序，请求有关授权部门先解决权利冲突问题后，再处理知识产权侵权纠纷或者其他民事纠纷案件。经过撤销或者无效程序未能解决权利冲突的，或者自当事人请求之日起3个月内有关授权部门未做出处理结果且又无正当理由的，人民法院应当按照《民法通则》规定的诚实信用原则和保护公民、法人的合法民事权益原则，依法保护在先授予的权利人或在先使用人享有继续使用的合法的民事权益。"这里将诚实信用和保护在先权利作为解决冲突的基本原则。有关司法政策在进一步总结审判实践经验的基础上，指出："对于知识产权权利冲突案件的审理，一般应当遵循保护在先权利、维护公平竞争和诚实信用的原则。""要准确把握权利冲突的处理原则。审理这类权利冲突案件，要遵循诚实信用、维护公平竞争和保护在先权利等原则。"

世界知识产权组织在其教材中指出：由于商号或者企业名称与商标都具有标识功能，因而商号、企业名称和商标之间发生冲突是不可避免的。在先原则和保护消费者对标识所指示的商品或者服务的来源不产生混淆，是解决此类冲突的原则。即使企业不将其商号或者企业名称用作其所提供的商品或者服务的商标，如果该商号或者企业名称的使用可能引起该企业所提供的商品或者服务的来源的混淆，也会侵犯在先商标，这种观点是公认的。相反，商标、服务商标或者集体商标的使用也可能以这种方式侵犯在先的（注册或者未注册的）商号或者企业名称。在此，世界知识产权组织实际上提出了解决知识产权权利冲突的两项基本原则，即保护在先权利和防止误导。

诚实信用当然是解决商业标识权利冲突的最基本的原则。该原则几乎是所有涉及民事权利保护的基本法律原则，而不是解决知识产权权利冲突的特有原则。而且，与诚实信用原则相比，保护在先权利、防止市场混淆之类的具体原则实际上是诚实信用原则在解决知识产权权利冲突中的具体体现。例如，侵犯在先权利是违反诚实信用原则的，而误导相关公众同样是违反该原则的。因此，诚实信用原则与保护在先权利等原则不是同一层面上的范畴，如果仅仅从理论上分析，将诚实信用原则与保护在先权利等原则等同划一地并列起来，是不严谨的，法律文件上的并列使用可以解释为一种便利的需要，无可厚非。

· 160 ·

就解决知识产权权利冲突的特殊情况而言,可以将保护在先权利和维护公平竞争(防止误导或者市场混淆)作为其核心的法律原则。保护在先权利立足于保护在先的合法权益,制止的是对已经存在的他人合法权益的侵夺;维护公平竞争则是通过防止误导或者混淆而维护公平竞争的市场秩序。因为,从知识产权权利冲突的实际情形或者后果看,无非有两大基本情形,即要么是侵犯他人在先的合法权利,要么是误导相关公众而造成市场混淆,因而保护在先权利和防止误导也就顺理成章地成为解决权利冲突的针对性原则,且足以涵盖权利冲突的所有情形。

当然,以前学界和实务界对于解决原则的归纳可能立足于不同的角度或者采用不同的表达,但并不妨碍实质内容上的相通性,可以相互取长补短。至于哪一种表达更为适宜,最终取决于其是否能够更准确地反映权利冲突的本质和便利冲突的解决,而不是玩文字游戏。从表达方式上看,防止市场混淆与维护公平竞争相比,前者更为具体和直观,后者是一个宽泛的概念,不限于解决权利冲突问题,但防止误导或者市场混淆的本质或者目的是维护公平竞争。无论是防止市场混淆、维护公平竞争还是制止不正当竞争,其表达的含义都是大同小异的。这里选择维护公平竞争的表达方式。

五、保护在先权利与维护公平竞争

(一)保护在先权利

保护在先权利是解决知识产权权利冲突的公认的基本原则。它是指在知识产权发生冲突时,保护在先存在的合法的权利。换言之,谁先取得合法权利,就优先保护谁。它是从物权法中的物权优先原则演化而来的,体现的是谁先取得权利就先保护谁的"先来先得"精神。它是各国普遍承认的解决知识产权权利冲突的基本原则。

保护在先权利在我国的有关知识产权法律中得到了普遍承认。例如,《商标法》第九条第一款规定:"申请注册的商标,应当有显著特征,便于识别,并不得与他人在先取得的合法权益相冲突。"国家工商行政管理局《关于解决商标与企业名称中若干问题的意见》第六条规定:"处理商标与企业名称的混淆,应当适用维护公平竞争和保护在先合法权利人利益的原则。"《专利法》第二十三条第三款规定:"授

 知识产权信息与创新发展

予专利权的外观设计不得与他人在申请日以前已经取得的合法权利相冲突。"这些都是根据近年来知识产权权利冲突的现象做出的有针对性的规定。

在知识产权权利冲突的民事处理中,同样适用保护在先权利的原则。在司法实践中,有的判决指出,《商标法》第九条和第三十二条规定的申请商标注册不得损害他人在先权利,这是在注册程序中对于在先权利保护的原则性规定,而《商标法》第四十四条规定的违反这些规定的处置办法为由商标局或者商标评审委员会撤销该注册商标,因而这些保护性规定主要体现在注册程序中,且注册后的商标适用在先权利保护的程序为行政撤销程序。在商标民事侵权纠纷中,商标不同于专利,《商标法》并没有如《专利法》规定先用权的抗辩,与注册商标冲突的企业名称字号是否在注册商标之前,不能构成侵犯在后注册商标权或者不正当竞争的抗辩。笔者认为,这种观点混淆了两类不同问题的性质。《商标法》有关在先权利保护的规定固然适用于商标注册和救济程序,但在民事纠纷中同样适用保护在先权利的原则,该原则源于在先的合法权利受法律保护,可以阻却违法(侵权)的民法原理,它是独立存在的,本来就不属于《商标法》上述条款的范围,自然不能用这些条款进行衡量,当然也不因为不属于《商标法》有关条款的适用范围而受影响。尽管上述有关法律并未从民事角度明文规定在先权利的保护,但保护在先权利的原理同样适用于民事处理领域。而且,保护在先权利具有不言自明的法理依据,即在他人享有在先权利的情况下,在后的行为如果构成对于在先权利的妨害,就可以构成侵权行为,这是公平和秩序的必然要求,也是在先权利本身的法律效力所致。

当然,受保护的在先权利必须是合法的民事权利,即该商业标识权利没有法律上的瑕疵,否则无法对抗在后的合法权利。正如英国法谚所说的,"请求衡平救济者必须有干净之手。"例如,最高人民法院《关于审理涉及计算机网络域名民事纠纷案件适用法律若干问题的解释》(法释[2001]24号,2001年6月26日通过)第四条第一项,将"原告请求保护的民事权益合法有效"作为认定被告注册、使用域名等行为构成侵权或者不正当竞争的必要条件之一。

权利在先与权利合法乃是保护在先权利的应有之义。权利在先强调

的是按照权利产生的时间先后决定权利保护的取舍,权利合法则是强调发生冲突的权利不得存在瑕疵。权利在先更为强调形式,权利合法更为强调实质。例如,将他人使用在先的知名商品的包装、装潢申请为外观设计专利,在外观设计专利被宣告无效之前,其权利人在形式上具有合法的专利权,而一旦被宣告无效,其权利即溯及既往地消灭,不再存在合法的权利。

在先的合法权利不限于知识产权,还可以包括其他民事权利,如肖像权等。而且,在先的民事权利不仅包括法律特别规定了的民事权利,而且还包括法律所保护的利益,即合法利益。一些他人在先取得的商业成果,即使尚未被法律明文规定为特定权利,但只要该利益是合法的,就可作为合法利益进行保护,因为权利最一般的法律意义是受法律保护的利益。如商誉本身尚未被法律规定为一种特殊的权利,即尚不存在独立的商誉权,但商誉作为一种商业成果,可以受法律的保护,据此可以将侵犯他人在先商誉的行为归入侵犯在先权利的行为。

侵犯在先权利是判断知识产权权利冲突是否具有违法性的根本标准,或者说是判断违法性的直观的基本法律界限。被控侵权的知识产权只要先于请求保护的知识权利,即使产生市场混淆,也不能认定其构成违法,充其量也只能通过承担附加区别性标识的法律负担的方式,解决客观上存在的权利冲突。

(二) 维护公平竞争

知识产权权利冲突的结果通常要么是特定的在先权利受到侵害,要么是产生了不正当竞争。相当一部分的知识产权权利冲突涉及公平竞争,主要是维护公平竞争的市场秩序,而对于这些冲突的解决就是判断是否构成不正当竞争。特别是商业标识之间的权利冲突往往构成不正当竞争,即在相互冲突的权利中,在后使用的或者不知名的商业标识的所有人,通过其与在先使用的或者知名的商业标识的相同或者近似,攀附他人的商业信誉或者搭他人的"便车",误导相关公众。冲突的原因就是产生了这种不正当竞争,而处理冲突的基本依据就是反不正当竞争的原则,如公平、诚实信用和遵守公认的商业道德等。

是否构成不正当竞争,应综合考虑行为人是否具有主观上的恶意、相关商业标识的市场知名度以及是否足以造成市场混淆等多个相关因素

 知识产权信息与创新发展

进行判断。这些因素只是判断依据的各个侧面，其相互之间也是重合或者交叉的。例如，凡主观上具有攀附他人商誉的情形，都是他人商业标识具有市场知名度；有关商业标识是否具有市场知名度，反过来又是判断是否具有恶意攀附的重要考量因素，倘若当时尚无知名度，就不宜认定具有攀附声誉的意图；商业标识具有知名度乃是可能产生市场混淆的重要前提。因此，这些因素必须结合起来分析判断，不能孤立地看待。

（三）保护在先权利与维护公平竞争的关系

保护在先权利和维护公平竞争作为两项基本原则，既具有相互的对立性，又具有互补性和交叉性。两者有时适用于互不交叉的两类行为，如在后商业标识侵犯著作权的，往往并不涉及公平竞争。两者有时是相互交叉的，如在后的商业标识侵犯在先的商业标识权，既是对于其特定知识产权的侵犯，又可能造成不正当竞争。

六、权利冲突的民事责任与负担

由于知识产权权利冲突的特殊性，知识产权权利冲突构成侵权行为或者不正当竞争的，涉及一些特殊的民事责任方式，以这些方式可以解决知识产权权利冲突所形成的特殊状态或者特殊后果。民事责任方式的灵活多样性，恰恰是民事处理的优越性。如《民法通则》第一百三十四条第一款只是规定"承担民事责任的方式主要有……"，该款列举了10种方式，但并不排斥其他必要的方式。这体现了民事责任方式的灵活性和对于民事关系纷繁复杂的适应性。在司法实践中，有些法院已经对于规范使用等民事责任的承担方式进行了有益的探索，在处理知识产权权利冲突纠纷中体现了较好的效果。

当然，即使不构成侵权或者不正当竞争，但为消除已经产生的客观冲突，仍然可以通过责令承担法律负担的方式，如责令规范使用或者附加区别性标识，解决冲突。这也是解决知识产权权利冲突的特殊形式。民事责任是对于违法行为的制裁，而法律负担并不属于民事责任的范畴。但是，负担也是一种法律义务，倘若不履行该义务，就会产生民事责任。

此外，司法实践中还存在侵犯在先商业标识权利的在后商业标识使用者存续较长时间，且在其存续期间为其品牌的发展付出了较大的努力

和投入的情况。对于这种较长的存续时间是否影响违法性的认定，有时也使人感到困惑。笔者认为，只要在后使用者的行为符合商标侵权或者不正当竞争的条件，使用时间的长短不成为否定其违法性的理由。因为，除非法律另有规定，这种违法的行为不因长时间的存在而丧失其违法性。倘若因为纠正违法而使行为人遭受较大的损失，那也只能是自食其果。道理很简单，倘若不去实施侵权或者不正当竞争行为，断然不会遭受这种损失。侵权行为人自身遭受的损失是由其违法行为引发的，怨不得别人。当然，如果在违法行为存续期间在先权利人不积极维权，致使在后使用者所使用的标识积累了自身的商誉，足以在市场上与在先权利人区别开来，而不再具有混淆可能性时，还可能不再构成侵权或者不正当竞争。笔者不知道现实生活中是否曾有这种现象。倘若果真如此，当然要另当别论了。

在总结审判经验的基础上，最高人民法院《关于审理注册商标、企业名称与在先权利冲突的民事纠纷案件若干问题的规定》第四条规定："被诉企业名称侵犯注册商标专用权或者构成不正当竞争的，人民法院可以根据原告的诉讼请求和案件具体情况，确定被告承担停止使用、规范使用等民事责任。"最高人民法院司法政策对此进行了如下阐释："要合理确定民事责任。因使用企业名称而构成侵犯商标权的，可以根据案件具体情况判令停止使用，或者对该企业名称的使用方式或者范围做出限制，如责令停止突出使用字号等。判决停止使用而当事人拒不执行的，要加大强制执行和相应的损害赔偿救济力度。"这里的"规范使用"，主要是针对突出使用企业名称中的字号，侵犯他人注册商标专用权的行为，人民法院可以责令行为人以规范的方式使用、不得突出使用等。

第八章
知识产权信息应用实证研究

第一节 资源型城市转型升级过程中的专利信息利用

国务院印发的《全国资源型城市可持续发展规划（2013—2020年）》指出，全国目前有262个资源型城市，分布在全国28个省市自治区直辖市。262个资源型城市中成长型城市有31个，成熟型城市有141个，衰退型城市有67个，再生型城市有23个，大批资源型城市已经面临或者即将面临经济转型，即转换城市产业结构，提升或重振城市竞争力。我国从20世纪90年代开始关注城市转型问题，资源型城市因经济结构比较单一，在城市转型升级过程中存在一些共性的问题。我国目前对资源型城市转型升级研究视角主要集中在发展中的问题与成因、城市转型的途径和策略，但鲜有视角关注资源型城市转型过程中的知识产权保护问题。资源型城市转型过程中的知识产权保护是创新驱动战略和产业转型升级的"刚需"，只有建立完善知识产权保护对策，才能促进经济结构的快速顺利调整，加快实现城市转型成功。

本节尝试对我国资源型城市知识产权保护现状共有问题进行分析，以资源型城市典型代表大庆市转型升级过程中存在的知识产权保护问题进行反思，并针对问题提出应对策略，以期为大庆市乃至全国资源型城市转型中知识产权保护体系的构建提供参考，助力城市经济的快速、顺利升级。

一、城市知识产权保护现状分析

2011年黑龙江省人民政府印发了《黑龙江省知识产权战略纲要》，

明确指出实施黑龙江省知识产权战略的基本原则之一是有效运用与有力保护相结合,积极促进知识产权的有效运用,加大知识产权的保护力度。知识产权司法保护和行政执法是一个地区知识产权保护最直接也是最重要的体现。随着城市转型升级进程的加快,大庆市加强了知识产权的保护和执法力度。一方面,先后制定了一系列相关文件,相继进行了一系列知识产权创新与保护活动,采取实际行动,打击知识产权侵权现象,净化市场环境,维护大庆市良好的经济秩序和投资环境。例如,2013年6月大庆市文化市场综合执法支队对涉嫌安装盗版 Windows 操作系统软件并用于商业使用的单位进行查处,并依法做出行政处罚,责令购买安装使用正版操作系统软件;2014年1月,大庆市文化市场综合执法支队执法人员责令某研究院立即停止违法使用 AutoCAD 软件,提出警告并处罚款;2015年5月,大庆市公安、工商、新闻、网信等多部门联手,深入开展"净网""护苗""固边""清源""秋风"五大"扫黄打非"专项执法行动;同年8月,大庆市文化广电新闻出版局、中共大庆市委网络安全和信息化领导小组办公室、大庆市公安局三部门联合制定《打击网络侵权盗版"剑网2015"专项行动实施方案》,依法治理网络空间,净化网络版权环境,优化网络版权生态。另一方面,加大宣传,鼓励创新活动,重点包括专利、商标、版权、软件等方面。大庆市2011—2016年专利申请情况,如表8-1所示。

表8-1 2011—2016年大庆市专利申报统计表

年份 类型 (比例)	2011	2012	2013	2014	2015	2016
发明	343(10.4%)	308(9.6%)	353(12.8%)	565(24.2%)	621(23.7%)	616(24.8%)
实用新型	2496(75.4%)	2551(79.3%)	2073(75.2%)	1619(69.4%)	1857(70.7%)	1704(68.7%)
外观设计	473(14.3%)	357(11.1%)	331(12.0%)	149(6.4%)	146(5.6%)	162(6.5%)
合计	3312	3216	2757	2333	2624	2482

从表8-1可以看出,近年来,本市发明专利申报基本呈逐年上升趋势,说明本市公众知识产权意识不断增强,为本市创新城市的建设奠定了良好的基础。从表8-1还可以看出专利分布结构也在发生变化,2011—2016年,具有较高创新含量的发明专利占每年专利申请总量的

 知识产权信息与创新发展

比例总体呈上升趋势，从 10.4% 上升到 24.8%，提高了 14.4%，说明本市的创新能力在逐步提高。2017 年大庆市在第五届中国（上海）国际技术进出口交易会中积极协调、精心筹备，共组织 11 家单位申报的 81 项发明专利技术参展，占全省参展专利总数的 81%，领域涉及机器人技术、电子信息、采油工程、智能制造、生物技术、新材料和食品加工等，通过组织本市企事业单位参展，宣传了本市重点领域的优秀专利技术，加大了本市专利技术的市场推广力度，加强了企业间专利技术交流合作，促进了专利的保护和利用。

此外，大庆市还加强了知识产权人才的教育和培训。大庆市加强专业资格考试的宣传工作，2016 年专利代理人考试，大庆市有 6 人通过国家专利代理人资格考试，占全省通过总人数的 27.3%，为大庆市乃至全省专利代理人队伍增添了新的力量。在大庆市相关部门的推动下，2017 年大庆师范学院法学院知识产权专业成功获批，成为黑龙江第一所获批知识产权专业的高校，对强化大庆市知识产权保护特色，突出其优势起到了积极的推动作用。

本着发展大庆市知识产权全面工作的目标，大庆市在 2016 年申报了国家知识产权试点城市，2017 年 4 月，大庆市被确定为国家知识产权试点城市。2016 年，大庆市知识产权局知识产权管理科被国家人力资源和社会保障部、国家知识产权局授予"全国专利系统先进集体"荣誉称号。

二、城市转型背景下知识产权保护反思

大庆市目前处于转型升级的关键时期，近年来，对知识产权保护的力度有所加大，将其视为实现经济发展目标的重要保障、推动转型成功的重要抓手之一。但相比于其他走在前列的国家试点知识产权城市，知识产权保护水平仍然存在较大差距。

（一）知识产权保护体系不够健全

1. 缺失规范性、指导性的知识产权发展规划纲要。随着我国先后出台《深入实施国家知识产权战略行动计划（2014—2020 年）》《2015 国家知识产权战略实施推进计划》，各省市地方政府先后出台地方性知识产权指导和规范文件，黑龙江省也出台相关政策，强调发挥知识产权

第八章　知识产权信息应用实证研究

支撑和引领经济发展作用，省市县知识产权管理体系逐步加强，目前全省已有 10 个市建立知识产权统筹协调机制，有 8 个市、10 个县、5 个区设立知识产权局。作为黑龙江省省域副中心城市的大庆市至今未制定知识产权发展规划纲要，知识产权保护相关文件制定、修订不及时，缺失行业针对性较强的指导性文件，与日新月异的知识产权保护需要相脱节。在知识产权应用转化方面也未形成自我特色的定位、措施，缺乏方向性指导，乃至各相关部门力量难以有效整合，部门及部门间工作步调不一致，这与缺失完善的协调机制有着密不可分的关系。

2. 知识产权管理机构不健全。目前，大庆市知识产权管理模式仍处于初级阶段。大庆市知识产权局于 2015 年 12 月方设立，挂牌于大庆市科技局下，主要负责组织全市的知识产权创造、运用、保护和管理工作，推动知识产权工作体系建设，指导企事业单位的专利管理工作，贯彻落实专利优惠政策及实施。大庆市知识产权局的设立，虽在一定程度上推动了大庆市知识产权工作，但由于设立晚，且挂靠于市科技局下，在一定程度上分散了大庆市知识产权相关工作的人力物力财力。据统计，大庆市用于知识产权相关工作的资金每年仅为 200 万元左右，财政投入较低。此外，知识产权多头分管、有效联动协调不足的问题，也使得知识产权保护及推动成果转化工作相对混乱和缓慢。

（二）知识产权成果涉及范围窄，种类略显单薄

大庆市作为典型的资源型城市，知识产权成果主要体现在专利方面。以黑龙江省知识产权局统计结果为准，大庆市专利申请量、授权量及增长率，每年稳居黑龙江省前三名。专利内容主要为石油、化工方面，申请人多为大专院校、石油化工有关的科研院所、企业，以自主知识产权为核心的高新技术产业及民营科技企业则相对较少，甚至出现了"零专利企业"，大大削弱了大庆市产业集群的发展，延缓了转型升级的前进步伐。

（三）知识产权成果转化率低，知名品牌少

大庆市主导产业为石油化工，因石油化工的行业特点，注定了此类知识产权成果产业化投资高，风险大，市场前景不明朗。故而虽数量多，但应用转化率低，相关企业增产提效多以引进技术为主，造成了空

有知识产权却少运用,过于依赖技术引进,浪费大量研发人力物力财力的现象。

高校也是大庆市知识产权的高产出单位。高校的技术成果多为理论性,技术研发多属于高、精、尖技术,适宜产业化的技术提炼不足,加之大庆市大部分中小企业的接受和转化能力不足,造成了高校知识产权成果市场化条件差、技术转移难的问题。

目前,大庆市还存在高新技术企业数量少、规模少,缺少龙头企业的引领,科技型中小企业融资困难,投资较低,研发机构与生产企业结合不紧密,企业创新能力不强等问题,这一系列相关问题造成了知名品牌的缺失,这对宣传本市、吸引企业投资造成了很大的负面影响。

除此之外,知识产权质量不高也是一个不争的事实。大庆市是黑龙江省专利高产出市,近六年来总量稳居全省前三名。但最能体现企业创新创造能力、具有更大市场价值和权限保护期更长的发明专利总量及授权量却不尽如人意。图8-1为2011—2016年大庆市发明、实用新型专利授权量及授权率统计图。通过表8-1及图8-1的综合分析,可以发现发明专利不仅申请量、授权量(见图8-1a)少,而且授权率(见图8-1b)也较低。相比而言,要求创新程度相对较低、审批条件不甚严格的实用新型专利的申请量(见表8-1)及授权率(见图8-1b)一直居高不下,而这类专利在实际运用中竞争力较小,转化率也更低。

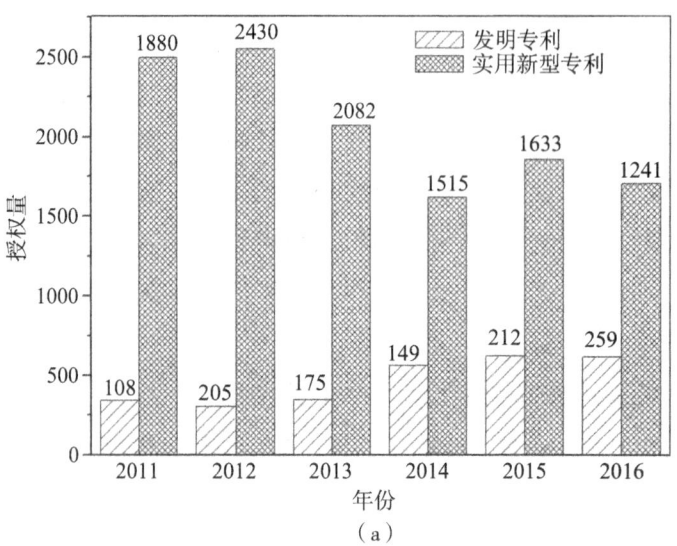

(a)

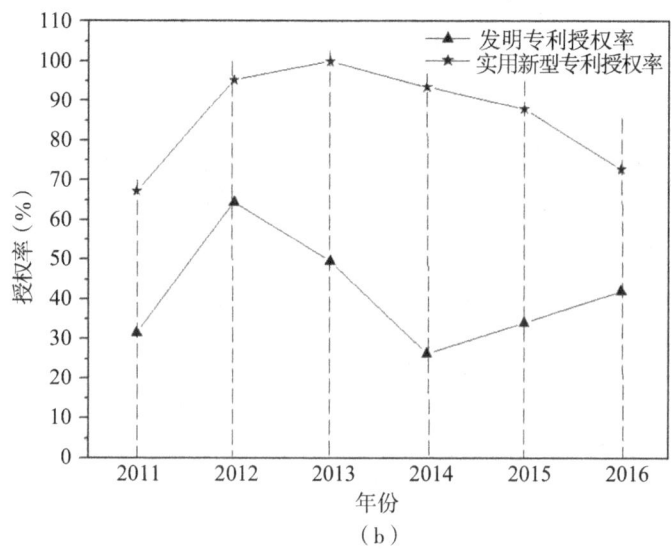

图 8-1 （a）2011—2016 年大庆市发明、实用新型专利授权量统计
（b）2011—2016 年大庆市发明、实用新型专利授权率统计

（四）知识产权保护专业人才匮乏，难以应对复杂知识产权事务

大庆市知识产权保护专业人才匮乏主要体现在两个层面：一是政府层面。知识产权专业性、法律性特点较强，所需人员需具有较高的专业素养，需要有系统的相关法律制度的学习或者培训。大庆市知识产权管理工作人员少，工作强度大，这是一个不争的事实，从而造成了难以有效发挥执法层面的知识产权保护，仅仅是调节而已。二是企业层面。纵观大庆市绝大部分企业，尤其是中小型企业，极少有设立知识产权保护与管理相关部门。在面对复杂的、专业的知识产权申报、文件撰写、法律维权等事务时，难以找到既熟悉行业知识又熟知法律的综合人才，这在科技高速发展、知识产权跨区域乃至跨国交流、知识产权争端日益频繁的时代，无疑将处于极大的不利地位，一旦涉及相关事务，只能高额聘请外部人员应诉。

（五）知识产权保护意识淡薄，保护能力不足

自《商标法》《专利法》《著作权法》等知识产权保护单行法制定以来，我国已经建立起了相对完善的知识产权保护法律法规制度。为提升我国知识产权创造、运用、保护和管理能力，建设创新型国家，2008

知识产权信息与创新发展

年4月，国务院审议并通过了《国家知识产权战略纲要》，同年6月印发该纲要。战略重点（五）培育知识产权文化部分强调要加强知识产权宣传，提高全民全社会的知识产权意识，广泛开展知识产权普及型教育。大庆市近年来虽进行了一定的知识产权侵权打击行动，但相比于知识产权示范城市知识产权保护及宣传力度还过低，主要体现为整体意识淡薄，侵权惩罚力度过低。

知识产权保护意识淡薄、保护能力不足体现在三个层次。一是政府层面，相对于经济增长和项目建设等工作出台的实际措施、进行的宣传、投入的经费而言，知识产权保护工作则更多地停留在口头层面。二是企业层面，不少具有自主研发能力的企业不懂如何保护自己的知识产权，例如不及时申请专利，有效防止发明创造成果被他人随意使用，造成经济损失，或者被他人抢先申请，丧失了申请专利的权利；在企业因知识产权被侵害造成经济损失时，不能很好地运用法律维护自身的合法权益；当企业因员工流动或者其他原因造成商业秘密泄露时，也不知如何有效阻止他人以不正当方法使用其技术秘密。此外，在企业研发、制造、销售环节，因为保护意识的不足，也容易处于被动地位。三是民众层面，知识产权保护概念远远没有普及到大众，最难攻克的是大众层面的"意识"，这与中国目前知识产权氛围整体不足有关，至今甚至有相当一部分人不了解知识产权与知识产权保护的概念，肆虐的盗版购销现象便是很好的说明。

三、转型背景下知识产权保护对策的完善

知识产权保护受地域性限制和立法差异的影响，会对投资环境产生一定的影响。制定良好的知识产权保护制度，能营造良好投资环境，有效维护贸易秩序。知识产权保护是城市创新驱动与转型升级的根本保障，资源型老工业城市转型升级过程中的知识产权问题尤为突出，需整合大庆市知识产权保护力量，加快构建大庆市知识产权保护机制，推动大庆市转型升级的发展，实现大庆市经济的再飞跃。下面以现状分析及反思为基础，结合国内、国际发达城市及同类城市的先进经验做法，综合考量大庆市自身特点，建议从以下五个方面完善大庆市知识产权保护对策。

(一) 完善知识产权保护体系

1. 结合市情，制定有地方特色的知识产权发展与保护规划纲要。知识产权保护制度具有区域性特点，不能一概而论。制度的制定需与区域特点相结合，将自主创新能力与知识产权保护相结合。日本是一个自然资源极其缺乏的国家，基于此，提出"知识产权立国"战略；美国作为世界头号科技、经济强国，将专利制度与贸易制度战略相结合，以此来保护其国外市场；北京、上海、杭州、广州、成都等国内较大知识产权示范城市在制定知识产权纲要时，无一不是从本市的政治、经济地位出发，从自身特点出发，制定、调整针对性和操作性强的知识产权发展规划纲要。

作为转型升级背景下的大庆市，在全国知识产权强国战略下，在全省加大知识产权发展与保护力度的氛围下，大庆市政府层面要尽快制定符合大庆市特色、适应转型升级背景需要的知识产权发展纲要。纲要的建立需要在总结国内外先进经验、充分调研本市市情并全面分析的基础上，制定规范、操作性及针对性强的知识产权发展规划纲要，具体包括指导思想、发展方向、阶段划分、具体举措、各阶段任务及完成目标等内容。

2. 完善知识产权管理、服务体系，加大管理人才及资金投入。独立、完善市级知识产权管理、服务机构，加大知识产权管理、服务人才的引进、培训。成立一支专业的知识产权执法队伍，统一全市知识产权管理部门的执法权，做到分工明确，工作高效。在县、区甚至乡镇一级设立知识产权管理、服务机构，便利区县域内企业知识产权信息服务需求。成立专门的知识产权保护委员会，委员会以政府智囊团的身份出现，主要由熟知法律、专业技术的法官、律师及相关专业专家组成，负责分析知识产权态势，给政府知识产权相关部门提供法律咨询。对比现有的53所国家级知识产权示范城市，结合市情，增加资金投入，提升本市知识产权管理、保护、服务水平。

3. 完善知识产权保护政策，促进知识产权应用转化。按照《国家知识产权战略纲要》《省知识产权"四大工程"》的总体部署，以市场主导为主，结合政府推动，完善知识产权保护政策，改善投资环境，维护市场经济秩序。强化政策引导机制，落实好配套措施，引导激励高

 知识产权信息与创新发展

校、科研院所、企业运用知识产权制度推动科技进步与创新，提供相应的政策，如知识产权抵押担保，进行贷款、融资，将成果进行转化，形成生产力，实现知识产权的资本价值。

充分利用高校的技术研发优势和企业的成果转化条件，加强高校、企业产学研合作研究。大庆市目前有东北石油大学、八一农垦大学、大庆师范学院三所本科院校，专业涉及理、工、农、法、管、经、艺术等多学科，每所院校各有所长，应加强高校之间的联系，同时与企业研发机构紧密联系合作，整合优势，着力培育高价值知识产权，加快形成一批具有自主知识产权的核心专利，创造具有领先技术水平并能进行应用转化的科研成果。

强化激励手段，制定奖励政策。奖励的成果范围不限于专利权，还应包括著作权、植物新品种、驰名商标、地理标志等。制定奖励政策时，既要注意体现奖励的精神，又要注意拉开差距，以利于广泛调动全民的创新积极性，促进形成和谐的创新氛围。

（二）加强知识产权行政保护与司法救济的"双轨制"保护模式

当今世界，经济的竞争实质上已经演变为知识产权的竞争与较量。经济发展、竞争势必涉及知识产权的争夺与保护，这在城市转型升级过程中体现得尤为明显，本地企业的发展，外来企业的投资，都会面临知识产权问题。当事人的权利被侵害时，应充分发挥行政保护与司法救济"双轨制"优势互补的保护模式，给本市知识产权保护创造良好的条件。不管是行政保护还是司法救济，都应在事实清楚、证据确凿的情况下进行，做出公正的决断，遏制不正当的知识产权竞争，促进知识产权保护的发展，激励自主创新，推动科学技术向生产力的转化，为城市转型升级中的知识产权发展保驾护航。

（三）加强知识产权宣传和培训、教育工作

1. 加强宣传，提高全民知识产权保护意识和法制观念。建立宣传机制完善，以政府宣传为主导，新闻媒体为支撑，全民广泛参与的知识产权保护宣传体系。知识产权局专设网站或者借助各种媒体平台，定期（知识产权宣传周、知识产权日、专利周）、不定期（根据实际发生的知识产权事件及实践活动）开展知识产权宣传进社区进企业活动，宣

· 174 ·

第八章 知识产权信息应用实证研究

传知识产权法律法规，宣传知识产权知识，提高各群体知识产权保护意识，增强全民知识产权法制观念。

2. 鼓励民间知识产权协会的成立，发挥民间组织的知识产权宣传、保护功能。日本通过立法引入了民间知识产权保护协会，并出台政策鼓励、资金支持民营知识产权检索机构、评估中心，提高知识产权服务速度，如专利审查，商标、专利的价值评估。民间知识产权保护组织的设立，有效地缓和了政府层面管理、服务的人力、技术的不足，同时也有效推动了政府、团体、企业三方协调合作宣传、保护知识产权的局面。国内部分城市，尤其是国家级试点知识产权城市，大多建立有行业协会、咨询服务平台、成果交易转化平台等不同形式的民间组织。大庆市市政府也可在本市牵头建立一批分专业、按需求的民间知识产权组织，提供必要的政策、贷款融资支持，使其尽快地发展、成熟，服务于本市乃至全国的知识产权行业。

3. 做好培训、教育，扩大知识产权队伍，提高综合素质。知识产权培训工作面向对象主要为知识产权管理单位干部、干事、执法人员、专利代理机构等服务单位以及企业知识产权专业管理人员。要增强其知识产权意识，使管理人员具备从战略高度制定政策的能力，使服务单位具有服务企业、社会的能力，使执法人员具备较高的执法为民的整体素质。

知识产权教育主要是面向学历教育。借助高校加快培养一批懂专业、懂法律的专门人才。联合政府管理部门，创设知识产权学院和知识产权培训、教育基地，跟踪国内、国际知识产权领域发展动态，为改善本市知识产权工作提供建议，为企事业单位输送专门的人才或者提供培训服务。同时倡导在小、中、高院校开设知识产权选修课程，普及知识产权知识，从学生开始知识产权宣传普及。

处于转型升级关键时期的大庆，充分利用知识产权信息，构建完善的知识产权保护策略，做好知识产权保护工作，实施知识产权发展战略，具有重要的理论和实践意义。一方面，拓展、深化知识产权保护理论的研究，为创新中国建设、法治中国建设等重大社会问题的研究提供参考；另一方面，营造良好商业环境，保护和促进本地企业的健康发展，强化招商引资，提振大庆经济，加快转型升级。

第二节 专利信息与行业技术发展

行业对已经公开的专利信息进行统计分析,提炼出各种信息加以利用,对企业的发展、规划、布局有着至关重要的作用。专利是对某项发明创造授予的一项专有权利。专利文献包含了世界科技信息的90%~95%,能够反映一个国家和地区科技的原始创新能力和核心竞争力。随着水污染对生态环境、工业生产、日常生活和人体健康危害的不断加大,水污染的严峻事实已引起世界各国的普遍重视。为了促进经济与水资源的协调发展,建立和发展水污染防治产业就显得尤为重要,水污染防治产业的发展不仅可以实现对水环境问题的"源头控制"和"全过程控制",培育新的经济增长点,还可以加快产业结构调整,促进产业生态化发展。

本节以与人类息息相关的环境领域的水污染治理技术为研究对象,从专利分析的视角,对中国水污染处理技术相关专利进行解读和分析,总结国内该领域的相关研究现状和未来发展趋势,以期为相关研究人员开展下一步研究工作提供参考借鉴。

一、数据获取与研究方法

选择 SooPat 专利检索数据库作为专利数据源,结合领域所涉技术分解,利用"关键词""关键词+IPC分类码"等方式构建了以"水污染防治"为主题的检索策略,将检索结果进一步进行筛选,确定分析数据的范围。检索日期为2017年7月22日,检索了自1985年以来的中国所有相关专利申请,共计检索出119932件,其中发明专利62625件,实用新型56199件,外观设计1108件。分析工具借助Origin以及Excel等。

二、领域专利态势分析

(一)水污染防治技术专利申请发展趋势

水污染防治技术专利申请发展趋势如图8-2所示。由图8-2可知，1985年我国即出现水污染防治专利的申请，但是一直到2002年申请数量都不高，年申请量未超1000件。从2003年开始出现快速增长趋势，到2013年的时候，则达到了年申请量过10000件，且这种趋势依旧在加速，到2016年，年申请量已经达到了17940件，这与我国知识产权保护意识的提高和水污染保护强度的加大有着密切的关系。

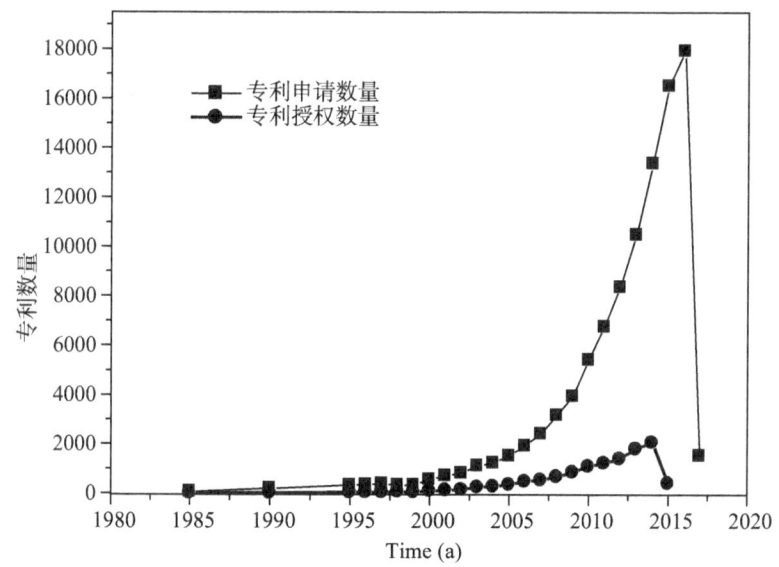

图8-2 水污染防治技术专利申请、授权发展趋势图

国内水污染防治技术发明专利授权量也呈总体上升趋势。由于发明专利申请日和公开日之间通常存在18个月滞后期，发明专利授权统计到2015年，具体如8-2所示。由图8-2可知，水污染防治发明专利授权量基本呈上升趋势，授权总数已经从1996年的46件上升到2014年的2068件，2015年授权量下降幅度较大，仅有417件，这与我国十二五规划末期环境治理重点工程研究转向有一定关系。

（二）水污染防治技术的申请人及合作分析

国内有关水污染防治技术的专利申请人比较分散。由表8-2可知，前10位申请人中企业只有2位，其余8位均为高校，这与高校是创新人才、研发机构的重要集聚地有着重要的关系。前10位申请人中，专利申请量最多的不是高校，而是中国石油化工股份有限公司，达878项。发明专利授权量也是中国石油化工股份有限公司最多，为251项，占发明专利授权量总数的1.78%。经计算，10位申请人的专利申请量、发明专利申请量、发明专利授权量的总和分别为5262、3131和1539项。很明显，发明专利授权总数不到发明专利申请数的50%，而发明专利授权总数只有专利授权总数的10.92%，与欧美发达国家相比具有一定的差距，说明国内此领域的科技创新能力有待进一步提高。

表8-2 水污染防治技术专利申请人前10位分析表

申请人	专利件数	发明专利件数	发明专利授权件数	发明专利授权数所占百分比（%）
中国石油化工股份有限公司	878	507	251	1.78
北京工业大学	825	491	251	1.78
哈尔滨工业大学	707	444	242	1.72
同济大学	559	350	163	1.16
清华大学	422	237	147	1.04
常州大学	411	323	76	0.54
中国石油天然气股份有限公司	396	175	100	0.71
浙江大学	365	203	96	0.68
南京大学	363	235	111	0.79
重庆大学	336	166	102	0.72
Σ	5262	3131	1539	10.92

表8-3 申请人专利合作统计表

	中石化	北工大	哈工大	同济	清华	常大	中石油	浙大	南京大学	重大	华南理工	河海大学	山大	苏大	中科院
中石化	878														2
北工大		825	2		2										
哈工大		2	707												
同济				559						2					
清华			2		422		3								

科技创新能力可以细分为专利产出能力、专利合作能力和专利转化能力，专利合作能力是一个国家和地区科技创新能力的重要体现。表8-3是申请人专利合作统计表。从表8-3可知，该领域内，企业与企

业之间合作专利数为零,企业与高校之间合作专利数为5,高校与高校之间合作专利数为10,各类别申请人之间的专利合作数均较低。从专利合作能力的角度来看,我国科技创新能力有待进一步提高,应加强不同申请人之间的专利合作,尤其是加强虽具有较强研发水平但缺少自我转化能力的高校与具有较强转化能力的企业之间的专利合作,提高国内专利的转化率和实际运用率。

(三)水污染防治领域分类分析及技术发展对比分析

水污染防治所涉领域分析如图8-3所示。由图8-3可知水污染防治领域申请专利分布在C、B、E、F、A、G、D、H八个部,在八个部中占前五名的是化学冶金(C),共68619项,占59.69%,超各部申请总量的一半;作业运输(B),共20201项,占17.57%;固定建筑物(E),7198项,占6.26%;机械工程、照明、加热、武器、爆破(F),共6269项,占5.45%。;农业(A),共4959项,占4.31%。物理(G)、纺织、造纸(D)、电学(H)三部分别占比4.12%、1.48%、1.10%。以上数据说明国内水污染防治主要集中在化学冶金部和作业运输部,这是由化学冶金、作业运输行业的特点决定的。

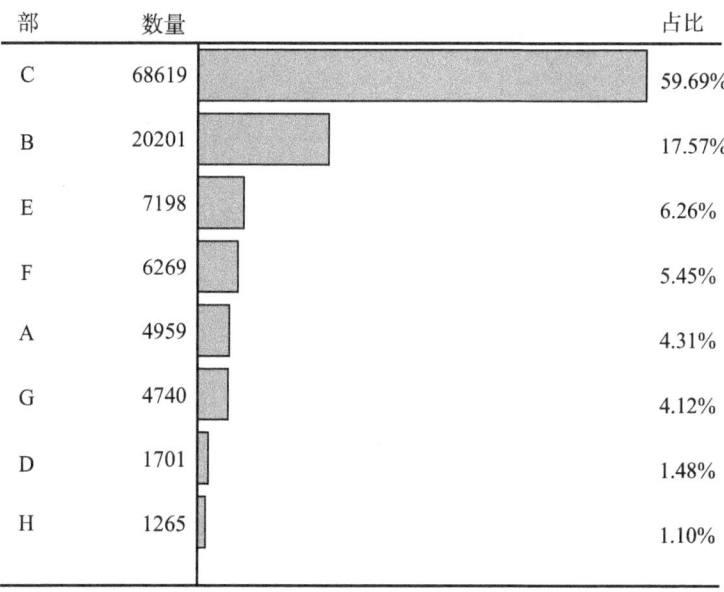

图8-3 水污染防治所涉领域分布图

(四) 基于 IPC 分类的技术布局分析

水污染防治相关专利涉及的 IPC 分类前 15 个大类如图 8-4 所示。由图 8-4 可知，涉及的专利主要分布在"水、废水、污水或污泥的处理"以及"一般的物理或化学的方法或装置"，对应 IPC 专利类别分别是"C02"和"B01"，专利申请量分别是 62762 件和 14693 件，各占专利申请总量的 51.10% 和 11.96%。还有一些方向主要分布在"给水；排水""测量；测试""生物化学；啤酒；烈性酒；果汁酒；醋；微生物学；酶学；突变或遗传工程""农业；林业；畜牧业；狩猎；诱捕；捕鱼""无机化学""控制调节""石油、煤气及炼焦工业；含一氧化碳的工业气体；染料、润滑剂；泥煤""家具；家庭用的物品或设备；咖啡磨；香料磨；一般吸尘器""供热；炉灶；通风""固体废物的处理；被污染土壤的再生""液体变容式机械；液体泵或弹性液体泵""织物等的处理；洗涤；其他类不包括的柔性材料"以及"清洁"等方面，这些方向的专利数量在 1091～5277 件之间。

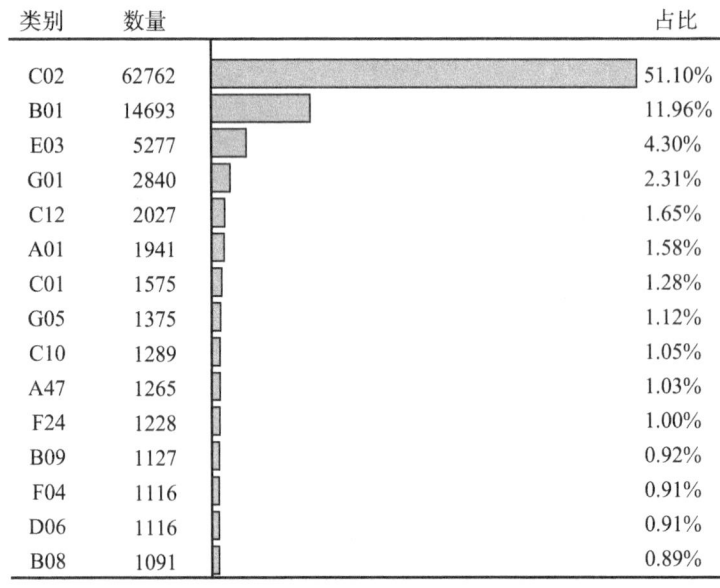

图 8-4 水污染防治相关专利涉及的 IPC 分类前 15 个大类

(五) 水污染防治专利法律状态分析

水污染防治专利法律状态分析如图 8-5 所示。由图 8-5 可知，在检索到的119932件水污染防治技术专利中，目前已经授权的有58239件，占48.56%；处于实质审查阶段的有14431件，占12.03%；公开的有5252件，占4.38%，无效（包括避重放弃、主动放弃、视为放弃、视为撤回、撤回、未交年费、届满、终止、无效宣告）的有43010件，占35.86%。考虑到发明专利的特定审查程序，处于公开和实质审查的应为发明专利，共占此领域专利的16.41%，不足20%，说明近年国内就此领域申请的发明专利有所降低。此外还可以发现，国内相关领域专利权人拥有专利数量虽然较高，但相当一部分处于无效状态。这一现象反映出国内相关领域专利数量虽大，但专利市场价值以及实用性较低，且创新技术含量偏低。在该领域专利申请过程易被现有技术否定，同时也从侧面反映出国内对申请专利的保护不够，与国外专利权人对申请专利的保护程度有一定差距。

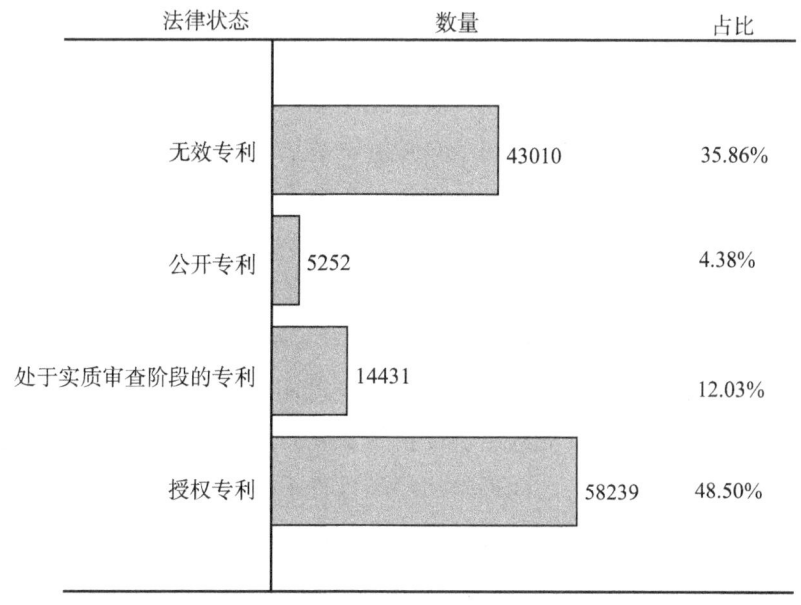

图8-5 水污染防治专利法律状态分析图

通过国内水污染防治领域的专利数据的分析，可以得出以下结论：我国水污染防治领域专利申请数量较高，具有较高技术含量的发明专利所占比例也较高；申请人相对分散，申请人之间合作较少，降低了国内此领域的创新能力；水污染防治所涉领域分布在八个部，化学冶金部专利申请量占总申请量的 59.69%，其次是作业运输部，占 17.57%，这两个部也是专利申请增长速度最快的；基于 IPC 分类的技术布局分析表明，水污染防治涉及的专利主要分布在"水、废水、污水或污泥的处理"以及"一般的物理或化学的方法或装置"两大类，各占专利申请总量的 51.10% 和 11.96%；专利法律状态分析则表明我国在此领域的大量专利有相当大一部分处于无效状态，应加强该领域的创新与技术保护。

第三节　专利与高校创新能力

随着科技创新的迅速发展，经济全球化的趋势愈加明显，国与国之间、区域与区域之间的科技竞争也日趋激烈。科技创新能力的提高成为一个国家或者地区跻身世界先进行列的重要武器。高校不仅是知识创新的重要力量，也是技术创新和发展的关键主体，加强科技创新是时代赋予高校的使命。近年来国家和地方政府也愈加认识到高校科技创新在区域经济发展中的重要作用，纷纷出台相应政策，支持高校创新发展，提升高校创新能力，从而推动地区整体创新能力，拉动经济增长。《黑龙江省深入实施知识产权战略行动计划（2015—2020 年）》主要目标之"知识产权运用水平明显提高"提出，2015—2020 年间要快速提升黑龙江省企业、高校和科研院所知识产权转化实施和产业化程度，初步建立知识产权投融资体系，促进经济社会的发展，助力振兴龙江经济。黑龙江高校在产出知识产权、振兴龙江经济过程中扮演了重要角色且被赋予了重要使命。基于此，本节选择黑龙江高校为研究对象，对该省高校创新能力基于专利的视角进行分析，以期对我国其他省份乃至全国高校创新能力的研究起到参考作用。

黑龙江省目前有教育部、工业和信息化部、省教育厅主管的本科高校 38 所，专科院校 43 所，除此之外，还有 17 所民办高等院校和 1 所独立院校，全省共有 99 所高等学校。为了较全面地了解黑龙江省高校科技创新能力，以 2010—2016 年近 10 年来高校专利产出为目标进行分析。在对全省高校专利产出情况进行综合分析的基础上，选取哈尔滨工业大学（HIT）、哈尔滨工程大学（HEU）、东北林业大学（NFU）、黑龙江大学（HLJU）、哈尔滨医科大学（HMU）、东北农业大学（NAU）、哈尔滨理工大学（HUST）、东北石油大学（NEPU）、黑龙江中医药大学（HLJUCM）、黑龙江科技大学（USTH）、齐齐哈尔大学（QU）、黑龙江八一农垦大学（HBAU）、佳木斯大学（JU）、黑龙江工程学院（HIT）、绥化学院（SU）共计15所高校为样本进行了详细分析。15所高校从类型上包含了理工、农林、医药，从地域上涵盖了哈尔滨、大庆、齐齐哈尔、佳木斯、绥化5地，在一定程度上可反映黑龙江省高校创新能力。以中华人民共和国国家知识产权局公布与统计数据、黑龙江省知识产权局统计数据为数据源，获取以上15所高校专利的相关信息，借助分析工具Origin及Excel等分析工具，对黑龙江高校的创新能力进行评价，进而找出高校创新中存在的问题并提出相应的对策建议。

一、黑龙江高校整体专利申请分析

（一）专利产出分析

图8-6为黑龙江省2010—2016年专利申请的趋势图。从图8-6可以看出，黑龙江高校专利申请总量呈快速上升趋势，2010年申请总量为2920件，2011年申请总量为4233件，增幅为45%；2012年申请总量为6871件，增幅提高至135%；2016年则上升为11862件，增幅达到了306%，说明黑龙江省高校的专利产出能力快速提高，这与国家及黑龙江省对高校科研支持力度的不断增大有着密切的关系，此外，黑龙江省知识产权政策环境的改善也对加强高校知识产权工作有着重要推动作用。从图中还可以看出，2010—2016年，黑龙江高校专利产出中，发明专利、实用新型专利申请量均呈现快速上升趋势，其中发明专利2010年申请量为1980件，2016年则上升为5305件，增幅为168%，实用新型2010年申请量为506件，2016年为5618件，增幅为1010%，实用新型申请量增幅远远大于发明专利的增幅。而外观设计专利的增长幅度则相对较小，2010年总申请量为434件，2016年为939件，7年间增幅仅为116%。

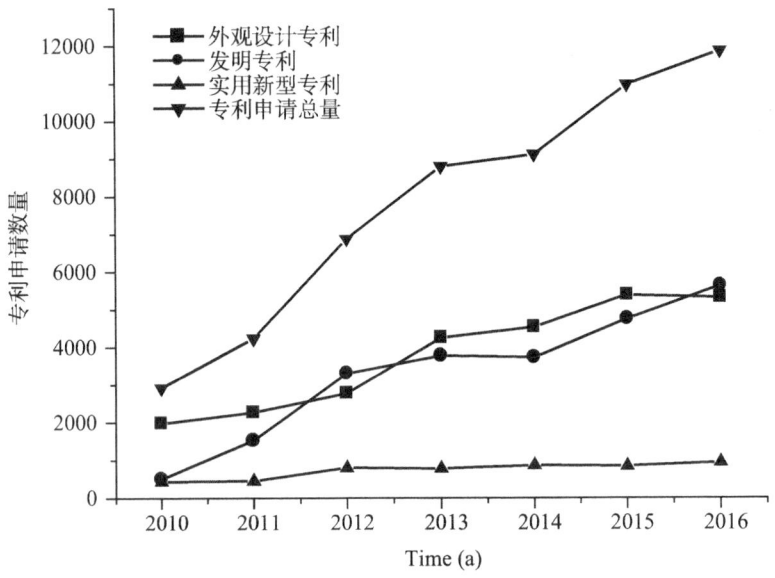

图8-6 黑龙江省高校专利申请变化图

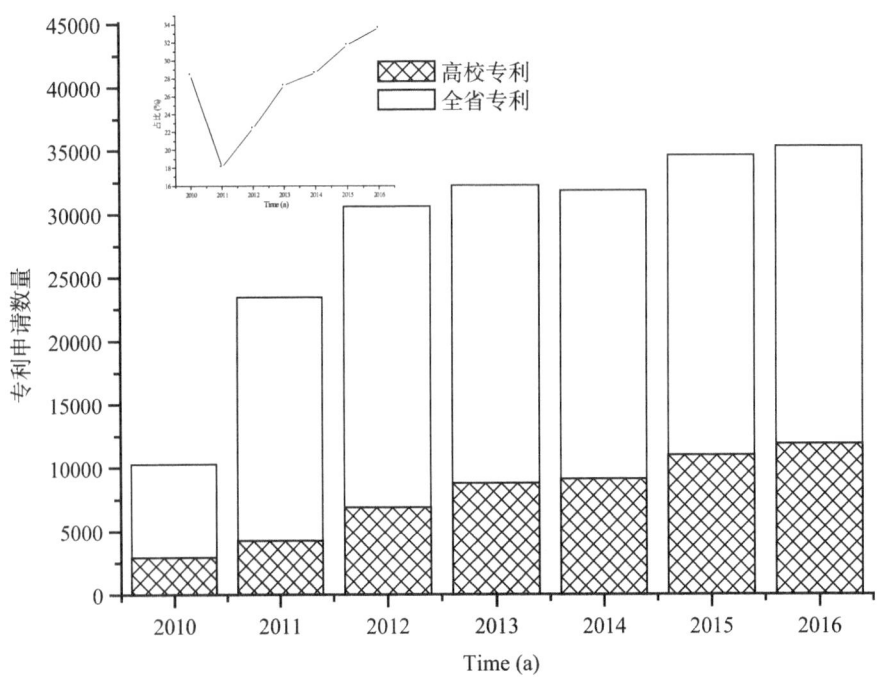

图8-7 黑龙江高校专利对全省专利的贡献分析图

（二）高校专利对全省专利的贡献分析

图 8-7 为黑龙江高校专利对全省专利的贡献分析图。从图 8-7 可以看出，2010—2016 年间，只有 2011 年高校发明专利占全省发明专利的比例不足 20%，仅为 18.1%，其他年份均高于 20%，其中 2015 年和 2016 年的比例则分别增长到 31.7% 和 33.6%，说明了黑龙江省高校创新在全省知识和技术创新中的重要地位。

二、黑龙江高校个体专利分析

（一）15 所高校专利产出分析

表 8-4 15 所高校 2010—2016 年专利产出分析

校名	发明授权	发明	实用新型	外观设计	合计
HIT	5358	15311	556	15	21240
HEU	1809	5619	1026	215	8669
NFU	406	1248	932	383	2969
HLJU	815	2009	1304	86	4214
HMU	127	272	221	4	624
NAU	471	1469	659	12	2611
HUST	376	1491	2845	781	5493
NEPU	247	643	2083	31	3004
HLJUCM	45	106	35	11	197
USTH	94	300	869	82	1345
QU	103	419	1008	121	1651
HBAU	127	445	493	27	1092
JU	47	198	1294	6	1545
HIT	92	92	846	149	1179
SU	13	54	270	21	358
合计	10130	29676	14441	1944	56191
占比（%）	18.03	52.81	25.70	3.46	

（表头第二行"专利类型"跨"发明"、"实用新型"、"外观设计"三列）

黑龙江省 15 所代表性高校 2010—2016 年专利产出情况如表 8-4 所示。由表 8-4 可以看出，2010—2016 年间，15 所高校专利的总体构成为：总量达到 56191 件，其中发明专利占 52.81%，实用新型占 25.70%，外观设计数量较少，仅占 3.46%，7 年间授权专利数量为总量的 18.03%。这一分析数据说明，外观设计专利不是黑龙江高校工作的重点，黑龙江高校专利重点集中在发明和实用新型上。授权专利比率偏低，不足 20%，说明黑龙江高校科技创新技术含量较低，这一结果也造成了专利转化应用的不足，以及知识产权不能得到较好的保护。

具体到个体情况又有所不同。哈尔滨工业大学、哈尔滨工程大学、东北林业大学、黑龙江大学、东北农业大学、哈尔滨理工大学 6 所学校发明专利较高，说明这 6 所高校的科技创新水平相对较高，而哈尔滨工程大学、黑龙江大学、哈尔滨理工大学、齐齐哈尔大学、佳木斯大学 5 所高校实用新型专利数量较高，说明这 5 所学校偏重于对现有应用技术的改进性创新。

（二）15 所高校专利 IPC 分析

表 8-5 15 所高校 2010—2016 年专利 IPC 构成

校名	IPC 分类							
	A 部	B 部	C 部	D 部	E 部	F 部	G 部	H 部
HIT	872	4589	4482	254	616	1473	6936	4659
HEU	413	1225	754	25	227	1375	3651	1174
NFU	617	736	761	92	126	96	494	81
HLJU	1041	729	1325	78	146	160	1044	487
HMU	505	23	154	0	0	1	84	12
NAU	1471	220	944	1	49	87	310	31
HUST	523	1528	517	41	142	378	1990	1091
NEPU	343	601	438	5	674	327	1013	170
HLJUCM	150	6	26	0	0	0	25	4
USTH	101	262	157	2	134	84	500	142
QU	280	311	269	63	35	49	543	78

续表

校名	IPC 分类							
	A 部	B 部	C 部	D 部	E 部	F 部	G 部	H 部
HBAU	492	124	262	3	21	29	189	23
JU	595	377	95	14	44	57	325	38
HIT	141	196	47	1	91	60	432	82
SU	86	66	22	1	3	9	112	20
合计	7630	10993	10253	580	2308	4185	17648	8092

依据国际专利分类法（IPC 分类）对 15 所高校的专利构成进行了统计，如表 8-5 所示。从中可以看出，15 所高校专利申请涵盖了整个专利领域的 8 个部，强势领域分布在 H 部（电技术）、B 部（作业、运输）、C 部（化学、冶金）三个部门，其次是 A 部（生活必需的农业、轻工业、医药）和 F 部（机械工程、照明、采暖），弱势领域是 E 部（固定建筑物）及 D 部（纺织、造纸），尤其是 D 部，专利产出不足 600 件。

三、黑龙江高校创新存在的问题

（一）核心专利少，闲置专利居多

教育部统计数据显示，我国高校在 1986—1999 年间，专利申请总量不足 2000 件，而截至 2008 年则达到 45145 件，占全国专利申请总量的近 3.6%，至 2016 年高校专利申请总量达到 184423 件，占全国专利申请总量的 13.7%。黑龙江高校专利在 2016 年占到全省专利的 33.6%，远高于全国平均水平，可谓是黑龙江省专利产出方面的重要贡献者。但质量普遍较低，核心专利偏少，形成专利组合的核心专利尤其少，难以给省内经济结构的调整和产业技术的升级提供应有的技术体系和知识产权。此外，高校专利多以科研项目为依托，而高校的科研项目大多数为基础研究类项目，导致高校专利重理论，多将理论模式加入到专利中，致使大部分专利短期内无法应用于生产，造成了大部分专利的闲置。

（二）制度不够健全，权益分配不均

制度的不健全体现在内部和外部两个层面。内部层面体现在各高校的科研管理体制不健全，普遍存在对专利成果的认定制度不够完善，专利方面的考核基本只考虑专利申请量，从而导致发明人盲目追求专利申请量，忽视了专利质量的提升。此外，在晋升职称过程中也基本唯数量论与获奖论，忽视了成果的转化及推广人员的成果，降低了成果推广人员的积极性。外部层面体现在我国职务发明的权益分配制度规定不合理，职务发明权益分配不均，导致发明人缺失动力，尤其是转化专利的动力，致使专利的产出与社会需求脱节，进一步加剧专利闲置，难于参与到黑龙江经济建设的过程中。

四、提升黑龙江高校创新能力对策

（一）加强高校高价值专利培育、保护，强化专利转化工作

高价值专利指的是不仅技术水平高，而且对行业的技术进步有重要引领作用的专利。高价值专利培育工作是一个较为复杂的系统工程，无论是发明人还是高校，都要根据经济社会发展的需求去进行研发，研发成果要能解决经济社会发展过程中急需的，或有待解决的关键技术、核心技术，并且通过高价值专利，带动出高价值产品、高价值产业、高价值市场。此外，要注重高价值专利的依法保护，对于高校来说，加强高价值专利的保护，既要有政府的重视、制度的完善，也要提高发明人的专利保护意识。

发明的最终目的是通过转化应用服务于社会，促进社会经济发展，因此应构建专利转化促进机制。高校专利转化促进机制是一个多元化的系统，内容应全面而非单一化。黑龙江高校专利转化应结合黑龙江地区经济及高校特点，才能构建完善的促进机制，保障高校专利有效转化为生产力，拉动黑龙江经济增长。首先，高校应制定相应政策，对有潜力的科研项目进行重点支持，主要从资金、科研人员的配备方面入手，强化高水平专利的产出量。其次，根据高校自身学科情况，对已申请的专利进行筛选，进行转化应用，防止专利的流失。再次，在平衡专利转化及科学研究方面，应将发明专利的转化纳入科研工作的考量、晋升职称

或者奖励方面，应体现对成果转化人员的认同，多方面刺激高校专利转化。最后，对有条件的高校，可设立成果推广、转化基金和基地，有效促进科技成果转化为生产力。

（二）完善高校职务发明制度、奖酬激励制度

高校作为我国非常重要的科技研发单位，具有法律定位的公立性和研发人员的密集性，因而其职务发明有其自身的特殊性。专利立法的主要目的是鼓励发明创造，从而促进科学技术的进步及发展。考虑到高校的特殊属性及主体特点，以提高高校专利质量及应用为原则，应通过相关规定对高校职务发明权利归属进行特殊规定，将权利归属于能发挥其最大价值的适格主体，而不是固守职务发明权利归属单位的原则。

需要特别注意的是，对国家支持的科研项目形成的发明专利，应给予项目承担单位优先选择权，在其未选择保留权利的情况下，其权利归属于发明人所有，以最大可能地减小或者扫除国资项目专利转化的障碍。

参考文献

[1] 吴汉东，胡开忠．走向知识经济时代的知识产权法［M］．北京：法律出版社，2002．

[2] 李扬，等．知识产权基础理论前沿问题［M］．北京：法律出版社，2004．

[3] 王太平．知识经济时代专利制度变革研究［M］．北京：法律出版社，2016．

[4] 吴汉东，胡开忠．无形财产权制度研究［M］．北京：法律出版社，2005．

[5] 吴汉东．知识产权基本问题研究［M］．北京：中国人民大学出版社，2009．

[6] 张玉敏．知识产权法学［M］．北京：法律出版社，2017．

[7] 中国大百科全书法学编辑委员会．中国大百科全书·法学［M］．北京：中国大百科全书出版社，1984．

[8] 郑成思．知识产权法教程［M］．北京：法律出版社，1993．

[9] 黄勤南．新编知识产权法教程［M］．北京：中国政法大学出版社，1995 年．

[10] 刘春田．知识产权法［M］．北京：中国人民大学出版社，2002．

[11] 吴汉东．知识产权法［M］．北京：法律出版社，2000．

[12] 冯晓青．知识产权法［M］．北京：中国政法大学出版社，2015．

[13] 李明德．著作权法［M］．北京：法律出版社，2014．

[14] 汤宗舜．专利法教程［M］．北京：法律出版社，2003．

[15] 张序九．商标法教程［M］．北京：法律出版社，1986．

［16］黄晖．商标法［M］．北京：法律出版社，1986．

［17］张乃根．国际贸易的知识产权法［M］．上海：复旦大学出版社，2007．

［18］田村善之．田村善之论知识产权［M］．李杨，译．北京：中国人民大学出版社，2013．

［19］刘茂林．知识产权法的经济分析［M］．北京：法律出版社，1996．

［20］李明德．美国知识产权法［M］．北京：法律出版社，2014．

［21］霍中祥．公知公用技术信息的挖掘——谈企业全球化对失效专利信息的利用［M］．北京：知识产权出版社，2014．

［22］于光．信息检索［M］．2版．北京：电子工业出版社，2014．

［23］黄如花．信息检索［M］．2版．武汉：武汉大学出版社，2010．

［24］徐庆宁．信息检索与利用［M］．上海：华东理工大学出版社，2004．

［25］唐炜，刘细文．专利分析法及其在企业竞争对手分析中的应用［J］．现代情报，2005（9）：179-183．

［27］高慧，黎慧．论企业竞争情报源及其搜集方法［J］．现代情报，2002（1）：88-89．

［28］许广奎，刘持慧．论企业竞争情报系统的建立与管理［J］．情报理论与实践，2001（3）：197-199．

［29］陈峰．论企业竞争情报系统的构建与运行［J］．情报理论与实践，2002（3）：190-193．

［30］叶继元．信息检索导论［M］．北京：电子工业出版社，2010．

［31］陈振标．文献信息检索、分析与应用［M］．北京：海洋出版社，2016．

［32］汪楠，成鹰．信息检索技术［M］．3版．北京：清华大学出版社，2017．

［33］成都市图书馆．21世纪中国公共图书馆发展与建设研究

[M]. 成都：四川大学出版社，2005.

[34] 肖珑. 数字信息资源的检索与利用 [M]. 北京：北京大学出版社，2003.

[35] 刘俊熙，王立义. 信息检索 [M]. 北京：北京图书馆出版社，2002.

[36] 赵飞，吕瑞花. 科技文献检索与 Internet [M]. 北京：国防工业出版社，2000.

[37] 沈固朝. 网络信息检索：工具·方法·实践 [M]. 北京：高等教育出版社，2004.

[38] 蒋永新. 现代科技信息检索与利用 M]. 上海：上海大学出版社，1999.

[39] 杨武，高俊光，付家冀. 基于技术创新的技术标准管理与战略理论研究 [J]. 科学学研究，2006（6）：978-984.

[40] 王加莹. 专利布局与标准运营——全球化环境下企业的创新突围之道 [M]. 北京：知识产权出版社，2014.

[41] 王忠敏. 标准化基础知识实用教程 [M]. 北京：中国标准出版社，2010.

[42] 信息检索利用技术编写组. 信息检索利用技术 [M]. 成都：四川大学出版社，2001.

[43] 韩惠琴. 文献检索与利用（理工版）[M]. 杭州：浙江教育出版社，2002.

[44] 廖梅. 社会科学信息检索与利用 [M]. 长沙：中南大学出版社，2000.

[45] 马天旗. 专利分析——方法、图标解读与情报挖掘 [M]. 北京：知识产权出版社，2015.

[46] 牟萍. 专利情报检索与分析 [M]. 北京：知识产权出版社，2012.

[47] 李建蓉. 专利信息与利用 [M]. 2版. 北京：知识产权出版社，2011.

[48] 亨特，阮，罗杰斯. 专利检索：工具与技巧 [M]. 北京：知

识产权出版社，2013.

［49］吴汉东．知识产权法［M］．北京：法律出版社，2014.

［50］官玉琴．知识产权管理［M］．厦门：厦门大学出版社，2014.

［51］马天旗．高价值专利筛选［M］．北京：知识产权出版社，2018.

［52］马天旗．高价值专利培育与评估［M］．北京：知识产权出版社，2018.

［53］马天旗．专利布局［M］．北京：知识产权出版社，2016.

［54］马天旗．挖掘布局［M］．北京：知识产权出版社，2016.

［55］雷大力．TRIZ 创新理论引入软件项目管理研究［J］．科技管理研究，2006（02）：107－109.

［56］代晶．企业专利预警系统构建研究［D］．成都：四川大学，2005.

［57］郭修申．企业商标使用与保护［M］．北京：知识产权出版社，2004.

［58］曾陈明汝．商标法原理［M］．北京：中国人民大学出版社，2003.

［59］赵宇霆．无形财产权理论研究［M］．北京：法律出版社，2011.

［60］胡开忠．论无形财产权的体系及其在民法典中的地位和归属［J］．法商研究，2001（1）：43－49.

［61］孟婷婷，贾宝平．利用情报分析方法降低失效专利侵权风险［J］．中国新技术新产品，2011（15）：201－202.

［62］齐维轩．论情报专项服务中失效专利的雷区规避问题［J］情报杂志，2001（02）：18－19.

［63］谢湘辉．知识产权权利冲突：理论与案例分析［M］．北京：法律出版社，2015.

［64］张玉敏．论知识产权的概念和法律特征［J］．现代法学，2001（5）．

[65] 杨志敏. 知识产权法新解——详析知识产权法的理论与实务 [M]. 成都：四川大学出版社，2009.

[66] 谭林华. 知识产权权利冲突论纲 [D]. 北京：中国政法大学，2007.

[67] 欧修平. 知识产权权利冲突与司法平衡 [M]. 北京：中国大百科全书出版社，2009.

[68] 冯晓青，杨利华. 知识产权权利冲突及其解决原则 [J]. 法学论坛，2001（3）：50-54.

[69] 孟德斯鸠. 论法的精神（上）[M]. 张雁深，译. 北京：商务印书馆，1963.

[70] 上海市高级人民法学院民三庭. 知识产权案例精选（2003—2004）[M]. 北京：知识产权出版社，2006.

[71] 北京市高级人民法院民三庭. 北京知识产权审判年鉴 [M]. 北京：知识产权出版社，2005.

[72] 孔祥俊. 反不正当竞争法原理 [M]. 北京：知识产权出版社，2004.

[73] I Athanassins Liakopoulos. Iuedlectual Property Lan in Greece [M]. Amsterdam：Kluwer Law Inlemational，1999.

[74] 管明颖. 资源型城市转型中的人力资源开发研究——以阜新地区为例 [J]. 辽宁工程技术大学学报，2015（3）：275-278.

[75] 钟莉，刘建新，王俊毅. 知识产权司法保护与行政执法衔接策略研究——兼论知识产权"三审合一"审判机制 [J]. 科技与法律，2009（5）：58-61.

[76] 余长林. 知识产权保护与发展中国家的经济增长——基于技术供给的视角 [D]. 厦门：厦门大学，2009.

[77] 赵伟，吕盛行，管汉晖. 知识产权保护与外商直接投资 [J]. 价格理论与实践，2005（3）：53-54.

[78] 王静波. 铜陵市知识产权保护存在的问题及对策研究 [D]. 合肥：安徽大学，2016.

[79] 张勤，朱雪忠. 知识产权制度战略化问题研究 [M]. 北京：

北京大学出版社，2002.

[80] 焦娜. 论知识产权的行政保护与司法救济 [D]. 北京：中国政法大学，2010.

[81] 姜芳蕊. 知识产权行政保护与司法保护的冲突与协调 [J]. 知识产权，2014 (2)：76-81.

[82] 姚建春，雷兴长. 美国知识产权保护制度的特点分析 [J]. 社科纵横，2007 (10)：32-34.

[83] K Liddell, S Hogarth, D Melzer, et al. Patent as Incentives for Translational and Evaluative Research: The Case of Genetic Tests and Their Improved Clinical Performance [J]. Intellectual Property Quarterly, 2008 (3): 295.

[84] Y Guo, B Wang. Study on the Economic Growth of Patent Output in the High-tech Industry [J]. Journal of Management & Sustainability, 2012 (1): 103-107.

[85] S S James, W D James. The Relative Efficiency of Agricultural Source Water Pollution Control Policies [J]. American Journal of Agricultural Economics, 1986 (3): 668-677.

[86] C G Mahesh. Environmental Management and Its Impact on the Operations Function [J]. International Journal of Operations & Production Management, 1995 (8): 34-51.

[87] J Guan. N Ma. Innovative Capability and Export Performance of Chinese Firms [J]. Technovation, 2003 (9): 737-747.

[88] S Gopalakrishnan. A review of Innovation Research in Economics, Sociology and Technology Management [J]. Omega, 1997 (1): 15-28.

[89] K Liddell, S Hogarth, D Melzer, et al. Patent as Incentives for Translational and Evaluative Research: The C ase of Genetic Tests and Their Improved Clinical Performance [J]. Intellectual Property Quarterly, 2008 (3): 295.

[90] D L Burk, Mark A Lemley. Policy Levers in Patent Law [J]. Virginia Law Review, 2003, 89 (7): 1575-1696.

[91] J Guan, N Ma. Innovative Capability and Export Performance of Chinese Firms [J]. Technovation, 2003, 23 (9): 737–747.